ENAURA T. KRIECK DE BIAGGI

INGLÊS PARA MODELOS

DISAL EDITORA

Preparação de texto: Adriana Moretto / Verba Editorial

Capa, Projeto gráfico, Diagramação e Revisão Final:
Patricia Tagnin / Milxtor Design Editorial

Assistente de Produção: Noelza Patricia Martins

Dados Internacionais de Catalogação na Publicação (CIP)
(Câmara Brasileira do Livro, SP, Brasil)

De Biaggi, Enaura T. Krieck
Inglês para modelos / Enaura T. Krieck De Biaggi. – Barueri, SP : DISAL, 2010.

ISBN 978-85-7844-050-3

1. Inglês - Estudo e ensino 2. Modelo (Pessoas) como profissão I. Título.

10-02733 CDD-420.7

Índices para catálogo sistemático:
1. Inglês para modelos : Estudo e ensino 420.7

DISAL EDITORA

Alameda Mamoré 911 – cj. 107
Alphaville – BARUERI – SP
CEP: 06454-040
Tel. / Fax: (11) 4195-2811
Visite nosso site: www.disaleditora.com.br
Televendas: (11) 3226-3111

Fax gratuito: 0800 7707 105/106
E-mail para pedidos: comercialdisal@disal.com.br

AGRADECIMENTOS

Gostaria de agradecer aos seguintes PROFISSIONAIS que ajudaram com suas sugestões e apoio para a realização deste trabalho:

Ming Liao Tao da agência Ming Management e seu assistente **Antonio Perez** (Toni).

Liliana Gomes da Agência Joy.

AOS MODELOS:

Viviane Surgek

Katia Tavares

Rodrigo Sherer

Lorena Torres

Um agradecimento ESPECIAL à consultora de marketing artístico, **Margareth Libardi**, pela sua valiosa contribuição e experiência.

Ao **Emer**, esposo e companheiro, pela ajuda de SEMPRE.

À **Emeri**, filha e PARCEIRA, pelas sugestões sempre oportunas.

Aos meus FAMILIARES pelo apoio de todas as horas.

SUMÁRIO

CAPÍTULO 3

CAPÍTULO 4

CAPÍTULO 5

CAPÍTULO 6

CAPÍTULO 7

CAPÍTULO 8

CAPÍTULO 10

CAPÍTULO 13

CAPÍTULO 14

CAPÍTULO 15

CAPÍTULO 16

CAPÍTULO 17

CAPÍTULO 18

APRESENTAÇÃO

A você que se decidiu pela carreira de modelo ou trabalha nessa área, é com muita satisfação que apresento um trabalho fruto de muita pesquisa e que é inédito aqui no Brasil: **O INGLÊS BÁSICO PARA MODELOS**. Trata-se de uma ferramenta utilíssima na sua comunicação com estrangeiros, aqui e principalmente no exterior, se o seu objetivo é ser modelo internacional.

Houve um tempo em que a moda era considerada uma futilidade, algo que interessava só a uns poucos privilegiados. Atualmente é um dos setores mais expressivos da economia brasileira e, segundo a Associação Brasileira da Indústria Têxtil e de Confecção (ABIT), trata-se do mercado que mais emprega mulheres no País e do segundo maior gerador de empregos, atrás somente da indústria de bebidas e alimentos. São ao todo 30 mil empresas e 1,5 milhão de empregos diretos, num setor que só no ano passado faturou US$ 25 bilhões (quase R$ 62 bilhões).

Na entrada do terceiro milênio o Morumbi Fashion, evento de moda mais badalado do Brasil, passou a ser chamado de **São Paulo Fashion Week (SPFW)** organizado por Paulo Borges e que completa já uma década de apresentações e desfiles. Seguindo seu sucesso, temos agora também o **Fashion Rio (FR).**

A imprensa tem demonstrado ao mundo todo o potencial do país no setor, cujas edições movimentam, cada uma, R$1 bilhão em vendas de atacado. De repente, o Brasil, que durante 40 anos teve poucas modelos famosas, passou a exportar dezenas de modelos que se tornaram celebridades internacionais.

Os concursos de beleza atraem cada vez mais jovens, principalmente meninas que, muitas vezes, acabaram de entrar na adolescência e que sonham se tornar uma *top model*, trocando os estudos em prol dos holofotes das passarelas e editoriais de moda do mundo.

Um exemplo é o concurso **Supermodels Brazil,** onde pessoas de todo o país procuram se destacar e se tornar famosas, ser um modelo de destaque. No ano de 2008 foram mais de 700 mil candidatos disputando até o final desse concurso.

Todo esse sucesso, claro, está intimamente ligado ao sonho adolescente de alcançar a carreira de modelo, outro indício do quanto a moda faz parte do imaginário das pessoas. Não por acaso, num dos últimos concursos de talentos da agência **Mega,** o número de inscritos chegou a um milhão.

De acordo com o diretor da **Ford Models, Bill Ford**, o caminho das pedras para uma jovem se tornar uma modelo de sucesso é não abandonar os estudos. Ele garante que as brasileiras podem ser as mulheres mais cobiçadas no futuro próximo.

Ainda segundo Ford, o grande problema do Brasil é a língua, porque a língua internacional de negócios é o inglês, o idioma da comunicação mundial. Há muitos termos relacionados à moda e modelos nesse idioma, que já foram incorporados à linguagem universal. Por outro lado, muitos modelos prejudicam sua carreira no exterior pela incapacidade de entender o que lhes é dito e de se fazer entender. Saber se comunicar é um atributo a mais que a modelo tem a oferecer.

No decorrer dessa obra, ofereceremos o vocabulário em inglês para candidatos a modelos e profissionais que desejem enviar suas fotos e resumé (currículo) diretamente às **modeling agencies** (agências de modelos) no exterior através da internet, ou orientações detalhadas para os que já são modelos e têm que encarar os desafios de cumprir contratos no exterior.

Além disso, há muitos empregos relacionados com essa área, que também serão abordados. Veja onde você se insere:

- **Modelos destinados ao exterior**
- **Modelos com perspectivas de trabalho no exterior**
- **Modelos que desejam aumentar suas chances de trabalho**
- **Agências de modelos que desejam incluir o idioma entre seus cursos**
- **Profissionais ligados a eventos de moda, principalmente desfiles**
- **Profissionais da imprensa falada ou escrita, ligados a esse setor da moda, que têm contato com estrangeiros, aqui ou no exterior**
- **Escolas de idiomas que desejam adicionar essa área aos cursos que oferecem**
- **Professores de inglês que queiram oferecer um curso extra em suas aulas particulares**

INTRODUÇÃO

A CARREIRA DE MODELO

A profissão de modelo ocupa um lugar de destaque no mundo da moda e da sua indústria. Modelos de moda trabalham para fabricantes de roupas, figurinistas, lojas de departamentos, imprensa e publicidade e se apresentam em desfiles formais ou em demonstrações particulares. Acompanhados por música, caminham, giram ou dançam sobre uma passarela diante de uma plateia, para demonstrar os produtos que usam.

Essa profissão pode ser definida também como sendo a de alguém cuja imagem é utilizada em pessoa, ou através dos meios de comunicação (filmes, revistas, vídeos, catálogos) para ajudar a vender um produto.

Os publicitários também precisam de modelos, que, em passarelas, folhetos impressos, comerciais de TV, ajudem a vender o produto em foco. Quanto maior for a identificação ou empatia dos clientes com os modelos, maior o número das vendas. Muitos itens, por outro lado, são vendidos com mais facilidade, quando promovidos por modelos que representam pessoas comuns.

Por essa razão, embora haja poucos modelos que apresentam as características necessárias para serem **supermodels**, há oportunidades nessa profissão para várias categorias de pessoas com diferentes habilidades, características físicas, tamanhos e idades.

Em se tratando de modelos propriamente ditos, tem aumentado a necessidade de modelos de diferentes grupos étnicos.

De acordo com pesquisas, **females**, ou seja, modelos femininas, têm mais chances de trabalho, pois no campo de marketing e publicidade elas influenciam ambos os sexos.

Na última década, temos assistido à ascensão dos modelos **male** (masculinos) graças à expansão da moda, cosméticos, perfumes etc.

Também os **ips,** ou seja, as celebridades como artistas de TV ou esportistas, têm participado tanto de desfiles como de propagandas na mídia.

OPORTUNIDADES PARA MODELOS

Embora os modelos dos desfiles de moda sejam os mais conhecidos, há várias opções para que uma pessoa possa utilizar suas características pessoais e adotar a profissão de modelo dentro das duas divisões principais:

1. **Fashion models**
2. **Commercial models**

Apresentamos a seguir de modo genérico, em inglês, os diferentes setores em que alguém pode atuar:

- **High fashion modeling** > modelos de alta costura
- **Glamour** > glamour
- **Petite-size** > tamanho pequeno
- **Plus–size** > tamanho grande
- **Teens** > adolescentes
- **Mature** > pessoas maduras

- **Children** > crianças
- **Body parts (hands/legs/ears etc.)** > partes do corpo (pernas, mãos, orelhas etc.)
- **Characters** > personagens

No conteúdo do livro, procuramos levar em consideração as principais situações que podem ocorrer na comunicação em inglês durante o cotidiano da profissão de modelo.

Abordamos a linguagem básica utilizada em diversas situações como: apresentação pessoal, viagens ao exterior, sessões de fotos, filmagens, desfiles, hospedagem, compras, refeições, entre outras.

As situações são ilustradas por diálogos práticos, que poderão ser acompanhados pelo CD de áudio. **Todos os diálogos estão contidos no CD que acompanha este livro.**

A gramática apresentada ao longo dos capítulos é considerada indispensável para o uso correto do idioma. Sentindo necessidade, no capítulo 17, há o Segmento Gramatical, onde são dadas maiores explicações e aprofundamentos sobre este ponto.

Como o vocabulário relacionado ao assunto de modelos é bastante extenso, há no capítulo 18 um Banco de Palavras que poderá ser consultado de acordo com as necessidades específicas de cada estudante.

O conjunto de todos esses recursos confere à obra uma posição única dentro dos cursos de capacitação profissional.

DIÁLOGOS PRÁTICOS
(conteúdo do CD de áudio)

CAPÍTULO 1

INTRODUCING YOURSELF
APRESENTANDO-SE

A. GREETINGS AND FAREWELLS
CUMPRIMENTOS E DESPEDIDAS

Quando você quiser cumprimentar alguém em inglês, saiba que os cumprimentos variam também como aqui no Brasil, de acordo com o período do dia:

- **Good morning!** > Bom dia!
- **Good afternoon!** > Boa tarde!

Para o começo da noite, o cumprimento é:

- **Good evening!** > Boa noite!

Na hora de dormir ou nas despedidas noturnas, é comum dizer:

- **Good night!** > Boa noite!

Em ocasiões formais, você pode despedir-se dizendo:

- **Goodbye!** > Até logo!

Nas despedidas informais, a forma mais usada é:

- **Bye, bye! See you!** > Tchau! Até breve!
- **Take care!** > Cuide-se!

B. INTRODUCTIONS
APRESENTAÇÕES

Saber apresentar-se corretamente faz parte da etiqueta e é fundamental em qualquer idioma. Há dois tipos de **introductions** (apresentações): a informal e a formal.

1. INFORMAL INTRODUCTIONS
APRESENTAÇÕES INFORMAIS

Nas apresentações informais, as saudações mais comuns são:

- **Hi!** > Oi! é a mais informal de todas e a mais difundida.
- **Hello!** > Olá! é ideal para ser usado com alguém de mais cerimônia.

Há ainda outras perguntas que podem ser feitas:

- **How are you?** > Como vai você?
- **How are you doing?** > Como tem passado?
- **I'm fine, thanks.** > Estou bem, obrigado/obrigada.
- **I'm good, thanks.** > Estou bem, obrigado/a.
- **Nice to meet you.** > Prazer em conhecê-lo/a.
- **Nice to meet you, too./Like wise.** > Igualmente.

2. FORMAL INTRODUCTIONS
APRESENTAÇÕES FORMAIS

Esse tipo de apresentação é raramente usado, a não ser em situações de cerimônias, negócios ou culturas extremamente conservadoras. De qualquer modo é bom saber que existem.

- **How do you do?** > Como vai?

Para responder a essa pergunta, você deve repetir a mesma frase, dizendo:

- **How do you do?** > Como vai?

Exemplos:

- **How do you do, sir?** > Como vai, senhor?
- **How do you do?** > Como vai?

C. IDENTIFYING PEOPLE
IDENTIFICANDO PESSOAS

1. ABOUT SOMEONE
SOBRE ALGUÉM

Se você quiser saber quem é uma pessoa, ou se alguém quiser identificá-lo/a em inglês, a pergunta deverá ser feita usando a expressão **Who...?** (Quem...?). E a resposta deverá ser feita usando também o verbo **to be**, aqui usado no sentido de ser.

Lembre-se de que em uma pergunta o verbo **to be** vem antes do pronome.

Exemplos:

- **Who are you?** > Quem é você?
- **I am Kátia Soares.** > Eu sou Kátia Soares.
- **Who is he?** > Quem é ele?
- **He is Rodrigo.** > Ele é Rodrigo.
- **Who is she?** > Quem é ela?
- **She is Lorena.** > Ela é Lorena.
- **Who are they?** > Quem são eles/elas?
- **They are...** > Eles/Elas são...

2. ABOUT YOURSELF
SOBRE VOCÊ

Quando você quiser se identificar dizendo seu nome ou sua profissão deverá usar também o verbo **to be**.

Exemplos:

- **I am Isabela Ventura. I am a model.**
  > Sou Isabela Ventura. Sou modelo.
- **Is André a stylist?** > André é estilista?
- **Yes, he is.** > Sim, é. Ou: **No, he isn't.** > Não, não é.
- **Is Cris a scouter?** > Cris é uma scouter?
- **Yes, she is.** > Sim, é. Ou: **No, she isn't**. > Não, não é.
- **Are they models?** > Elas são modelos?
- **Yes, they are.** > Sim, são. Ou: **No, they aren't.** > Não, não são.

Nota: Relembre a conjugação completa do verbo to be no Segmento Gramatical, no capítulo 17 deste livro.

3. NAME
NOME

Querem saber seu nome? Você quer saber o nome de alguém?

Veja a pergunta e a resposta:

- **What's your name?** > Qual é o seu nome?
- **My name is...** > Meu nome é...
- **What's her name?** > Qual é o nome dela?
- **Her name is Vanessa Sanches.** > O nome dela é Vanessa Sanches.

NOTA GRAMATICAL

POSSESSIVE ADJECTIVES PRONOMES POSSESSIVOS

Uma das maneiras de indicar que alguma coisa pertence a alguém, inclusive seu nome, é usar os **possessive adjectives** (pronomes possessivos) que vêm sempre antes do objeto possuído:

- **my** > meu, minha, meus, minhas
- **your** > teu, tua, teus, tuas
- **his** > dele
- **her** > dela
- **its** > dele, dela; usado para animais e objetos inanimados
- **our** > nosso, nossa, nossos, nossas
- **your** > vossos, vossas
- **their** > deles, delas

D. SPELLING
SOLETRANDO

No contato com estrangeiros, aqui ou no exterior, é bastante comum eles pedirem para que você soletre o próprio nome, principalmente o sobrenome. As frases mais usadas para isso são:

- **Please spell your name.** > Por favor, soletre o seu nome.
- **Spell your first name.** > Soletre o seu primeiro nome.
- **Spell your last name, please.** > Soletre o seu sobrenome, por favor.

TIP TIME

- **First name:** 1º nome
- **Middle name:** nome do meio
- **Last name/surname:** sobrenome

NOTA GRAMATICAL

THE ALPHABET O ALFABETO

Estude ou reveja as letras do alfabeto em inglês:

O alfabeto inglês tem as mesmas letras do alfabeto português. Veja a pronúncia das letras em inglês:

A	ei
B	bi
C	ci
D	di
E	i
F	éf
G	dgi
H	eitch
I	ai

J	djei
K	quei
L	él
M	ém
N	én
O	ou
P	pi
Q	kiu
R	ar

S	éss
T	ti
U	iu
V	vi
W	dabliu
X	éks
Y	uai
Z	zi

Para soletrar duas letras iguais juntas, você deve dizer a palavra **double** (duplo) seguida da letra que se repete:

- **bb** > **double b**
- **mm** > **double m**
- **ll** > **double l**
- **rr** > **double r**

A. TITLES/ADDRESSING PEOPLE
TÍTULOS/FORMAS DE TRATAMENTO

Faz parte da etiqueta, saber dirigir-se às pessoas de forma educada e correta. Quando for se dirigir a alguém, principalmente um desconhecido, comece sempre com um **excuse me** (com licença/desculpe).

Em inglês, o adulto é sempre chamado por seu sobrenome precedido de:

- **Mr.** > senhor
- **Mrs.** > senhora
- **Miss** > senhorita
- **Ms.** > mulheres de estado civil desconhecido

Exemplos:

Mr. Stevenson, Mrs. Ferreira, Miss Turner, Ms. Gordon.

Quando você se dirige diretamente às pessoas, sem chamá-las pelo nome, as formas usadas são:

- **sir** > senhor
- **madam** > senhora
- **miss** > senhorita

Exemplos:

- **Please, sir.** > Por favor, senhor.
- **Yes, madam.** > Por favor, senhora.
- **No, miss.** > Não, senhorita.

Também em inglês, **please** (por favor) e **thank** (obrigado/a) são sempre recomendados quando você for pedir alguma coisa. **Please** pode ser usado no começo ou fim da frase.

Exemplo:

- **Repeat your name, please.** > Repita o seu nome, por favor.
- **Thank you/Thank you very much.**
  > Obrigado/a/ Muito obrigado/a.

DIÁLOGO PRÁTICO

A: Hi!

B: Hello!

A: My name is Viviane. What's your name?

B: I'm Rafaela. Excuse me, what's her name?

A: Her name is Sharon.

B: Thank you. Bye, Bye. See you!

TIP TIME

- **marital status** > estado civil
- **divorced** > divorciado/a
- **married** > casado/a
- **separated** > separado/a
- **single** > solteiro/a
- **widow/widower** > viúva/viúvo

1. RELATIONSHIPS/FAMILY
RELAÇÕES/FAMÍLIA

- **aunt** > tia
- **boyfriend** > namorado/amigo

- **coleague** > colega de trabalho
- **daughter** > filha
- **father** > pai
- **fiancé/fiancée** > noivo/noiva
- **friend** > amigo
- **girlfriend** > namorada/amiga
- **mother** > mãe
- **nephew** > sobrinho
- **niece** > sobrinha
- **son** > filho
- **stepfather** > padrasto
- **stepmother** > madrasta
- **uncle** > tio

F. NATIONALITIES
NACIONALIDADES

Quando você encontra com pessoas de diferentes países, a pergunta sobre nacionalidades é uma das coisas que acontecem com muita frequência, principalmente quando você está no exterior.

- **Where are you from?** > De onde você é?
- **I'm from Brazil.** > Eu sou do Brasil.
- **What's your nationality?** > Qual é a sua nacionalidade?
- **I'm Brazilian.** > Eu sou brasileiro/brasileira.

Conheça alguns países e as respectivas nacionalidades. No capítulo 18, há um Banco de Palavras com uma lista mais extensa.

- **China** > China – **Chinese** > chinês/chinesa
- **France** > França – **French** > francês/francesa

- **Germany** > Alemanha – **German** > alemão/alemã
- **India** > India – **Indian** > indiano/a
- **Italy** > Itália – **Italian** > italiano/a
- **Japan** > Japão – **Japanese** > japonês/japonesa
- **Portugal** > Portugal – **Portuguese** > português/portuguesa
- **Spain** > Espanha – **Spanish** > espanhol/espanhola
- **The Unites States – American** > Estados Unidos – americano/a

TIP TIME

Em inglês, as nacionalidades sempre se escrevem com inicial maiúscula.

2 DIÁLOGO PRÁTICO

A: Good morning.

B: Good morning. What's your name?

A: I'm Cristiane Ferreira.

B: Please spell your last name.

A: F-e-r-r-e-i-r-a.

B: Where are you from?

A: I'm from Brazil. I'm Brazilian.

B: Thank you, Ms. Ferreira.

A: You are welcome.

CAPÍTULO 2

DESCRIBING PHYSICAL AND PERSONALITY TRAITS
DESCREVENDO CARACTERÍSTICAS FÍSICAS E DE PERSONALIDADE

Se está lendo esse livro é porque em algum momento de sua vida, alguém achou que você tinha qualidades físicas e de personalidade essenciais para seguir a carreira de modelo. Já deve saber também que no Brasil as medidas-padrão exigidas pelo mercado para os **fashion models** são: altura mínima de 1,70 m e máxima de 1,80 m para mulheres, enquanto que para os homens a altura está entre 1,80 m e 1,88 m.

As exigências para as mulheres incluem ainda a medida máxima de 90 cm de quadril e peso de 15 a 20 quilos menos do que a altura (retirando a centena).

A. PHYSICAL TRAITS
CARACTERÍSTICAS FÍSICAS

1. VITAL STATISTICS/BIO DATA
DADOS FÍSICOS

Você se encaixa nos parâmetros brasileiros? Estão cogitando mandar você para o exterior?

Antes de verificar o que é exigido lá fora, aprenda os termos básicos relacionados a esse assunto tão importante:

- **age** > idade
- **eye color** > cor dos olhos
- **hair color** > cor do cabelo
- **height** > altura
- **measurements** > medidas
- **sizes** > tamanhos
- **weight** > peso

2. FASHION MODELS STATISTICS REQUIREMENTS
EXIGÊNCIAS FÍSICAS PARA MODELOS DE MODA

Lembre-se de que lá fora, quase tudo é medido em polegadas, pés e libras.

TIP TIME

- **inch** > polegada = 2,54 cm, cujo símbolo é **"**
- **foot/feet** > pé/pés = 30,48 cm, cujo símbolo é **'**
- **pound** > libra = 0,4536 gramas do quilograma cujo símbolo é **lb, lbm**

Embora existam padrões básicos, de acordo com as agências de modelos internacionais, como os apresentados a seguir, há exceções se os modelos tiverem características excepcionais, independentemente de idade e altura. E quais seriam atualmente, as medidas ideais de modelos femininos e masculinos, na opinião dos "experts"?

a. FEMALE MODELS
MODELOS FEMININOS

De acordo com os conceitos internacionais de beleza, as exigências atualmente são as seguintes:

age (idade)	**between 13 and 24 years** (entre 13 e 24 anos)
bust/size (busto/ tamanho)	**32 to 34 – 36 max** (32 a 34 – no máximo 36)
height (altura)	**de 5'8"** (5 pés e 8 polegadas) = 1,72 m **to 5 feet 10 inches** (5 pés e 10 polegadas) = 1,79 m
hips (quadris)	**35" max.** (35 polegadas no máximo) = 90 cm
weight (peso)	**between 100 and 125 pounds** (entre 100 e 125 libras) = 45 kg e 57 kg
waist (cintura)	**25" max.** (25 polegadas no máximo) = 63 cm

A AMA, a ASSOCIATION OF MODEL AGENTS da Inglaterra, resume os dados físicos exigidos para modelos femininos de moda, da seguinte maneira:

- **34" – 24" – 34"** > 86 – 61 – 86 cm (correspondendo a busto – cintura – quadris)
- **Height minimum 5'8" (five feet eight inches) tall** > altura mínima de1,72 m
- **weight: 108 pounds** > peso: 49 kg

b. MALE MODELS
MODELOS MASCULINOS

age (idade)	**between 16 and 24 years** = (entre) 16 e 24 anos
chest (peito)	**38 to 40 inches** (38 a 40 polegadas) = 97 a 102 cm
height (altura)	**5 feet 11 inches** (5 pés e 11 polegadas) = 1,80m **to 6 feet 1 inch** (6 pés e 1 polegada) **tall** = 1,86 m
weight (peso)	**between 140 and 165 pounds** (entre 140 e 165 libras) = 63,5 kg e 75kg
waist (cintura)	**30 to 32 inches** (30 a 32 polegadas) = 76 a 81 cm

De acordo com a AMA, altura, peso e medidas ideais para os homens são:

- **Height: 5'11" – 6'2"** (altura: 180 - 187 cm)
- **Weight: 140 – 165 lbs** (peso: 64 - 75 kg)

Nota: A margem de idade para modelos homens é maior que a das mulheres, alguns se estendendo até 35 anos

Quando se trata de modelos comerciais, constituídos por pessoas comuns e crianças, não existe qualquer tipo de especificação. A escolha desses modelos vai depender do produto a ser promovido.

c. TEEN MODELS
MODELOS JOVENS

Teen models (adolescentes) são também chamados de **junior models**. Veja quais as exigências relativas a eles:

- **Height:** (altura) **5'4" to 5' (feet) 8" (inches)** (de 163 a 173 cm)
- **Age:** (idade) **between 12 and 17 years** (entre 12 e 17 anos)

3. ASKING ABOUT PHYSICAL TRAITS PERGUNTANDO SOBRE CARACTERÍSTICAS FÍSICAS

Quais seriam as perguntas relativas a essas características físicas?

Sempre que você quiser saber os dados referindo-se a peso, altura, medidas use **How much?**

- **How much?** > Quanto? **Ou**
- **What's his/her weight/height?** > Qual é o peso/a altura dele/dela?
- **How much does she weigh?** > Quanto ela pesa?
- **She weighs 115 pounds.** > Ela pesa 57 quilos.
- **What's his height?** > Qual é altura dele?
- **He is 6' tall.** > Ele tem 1,83 m de altura.
- **What are her measurements/bio data?** > Quais são as medidas/dados físicos dela?
- **Her measurements are: 34–26–34.** > As medidas dela são 34–26–34.
- **What's the width of the waist?** > Qual é a medida da cintura?
- **It's 62 centimeters wide.** > A largura é de 62 centímetros.

4. PHYSICAL APPEARANCE APARÊNCIA FÍSICA

A essa altura, você já deve estar mais do que convencido de que, se os dotes físicos são tão importantes no marketing da moda, vai querer entender qual o conceito que as pessoas fazem de você num outro idioma, não é?

Qualquer qualidade que se dá a uma pessoa ou coisa é gramaticalmente um **adjective** (adjetivo). Em inglês também, com uma diferença: os adjetivos devem vir sempre antes da pessoa ou objeto e não sofrem alteração no feminino e no masculino.

Algumas características físicas mais comuns:

- **bald** > careca
- **bearded** > com barba/barbado
- **blond/e** > louro/loura
- **brunette** > morena
- **dark** > moreno
- **fat** > gordo
- **gray haired** > de cabelo grisalho
- **lean** > esguio/a
- **long-legged** > de pernas compridas
- **medium height** > estatura mediana
- **redhead** > ruivo/a
- **short** > baixo
- **slim** > esbelto/elegante
- **tall** > alto
- **thin** > magro

5. AGE
IDADE

Aprender ou rever os números em inglês é de suma importância, pois o seu uso é constante em várias circunstâncias do dia a dia, tais como a numeração de idade, tamanho de roupas, telefonemas, endereços, horas etc.

a. NUMBERS 1 TO 30
NÚMEROS DE 1 A 30

Estes são os números de 1 a 30. Outros poderão ser encontrados no Banco de Palavras.

1	one	**11**	eleven	**21**	twenty one
2	two	**12**	twelve	**22**	twenty two
3	three	**13**	thirteen	**23**	twenty three
4	four	**14**	fourteen	**24**	twenty four
5	five	**15**	fifteen	**25**	twenty five
6	six	**16**	sixteen	**26**	twenty six
7	seven	**17**	seventeen	**27**	twenty seven
8	eight	**18**	eighteen	**28**	twenty eight
9	nine	**19**	nineteen	**29**	twenty nine
10	ten	**20**	twenty	**30**	thirty

Outros números serão apresentados mais adiante.

Se quiser saber a idade de uma pessoa, as perguntas e respostas são:

- **How old are you?** > Quantos anos você tem?
- **I'm... years old.** > Eu tenho... anos.
- **How old is he/she?** > Quantos anos ele/ela tem?
- **He/She is... years old.** > Ele/Ela tem... anos.

B. PERSONALITY TRAITS
CARACTERÍSTICAS DE PERSONALIDADE

Os seus atributos físicos correspondem aos padrões de beleza da moda atual? Desculpe, mas só isto não basta! A profissão de modelo exige antes de tudo, **profissionalism** (profissionalismo), **personality** (personalidade), **persistency** (persistência) e mais alguns traços considerados imprescindíveis:

- **discipline** > disciplina
- **energy** > energia
- **market awareness** > conhecimento do mercado de trabalho
- **positive attitude** > atitude positiva
- **psychological/emotional balance** > equilíbrio psicológico/emocional
- **poise** > postura
- **punctuality** > pontualidade
- **self-confidence** > autoconfiança
- **style** > estilo

Dissemos que é preciso ter uma personalidade para encarar os desafios da profissão. Quais são as suas características? Onde você se encaixa nas qualidades positivas ou negativas (são também adjetivos), que podem ser usados pelas pessoas quando se referirem a você?

- **ackward** > desajeitado/a
- **attractive** > atraente
- **ambitious** > ambicioso/a
- **bright** > brilhante
- **creative** > criativo/a
- **confident** > confiante
- **charming** > encantador/a
- **dynamic** > dinâmico/a

- **elegant** > elegante
- **energetic** > enérgico/a
- **enthusiastic** > entusiástico/a
- **extrovert** > extrovertido/a
- **funny** > engraçado/a
- **hard-working** > trabalhador/a
- **impatient** > impaciente
- **intelligent** > inteligente
- **introvert** > introvertido/a
- **lazy** > preguiçoso/a
- **outgoing** > extrovertido/a
- **patient** > paciente
- **photogenic** > fotogênico/a
- **poised** > equilibrado/a
- **punctual** > pontual
- **reliable** > confiável
- **self-disciplined** > autodisciplinado/a
- **sexy** > sexy
- **shy** > tímido/a
- **stubborn** > teimoso/a
- **unsure** > inseguro/a

As perguntas mais frequentes para saber as características de uma pessoa são:

- **What's she like?** > Como ela é?
- **She is extrovert and patient.** > Ela é extrovertida e paciente.
- **What's he like?** > Como ele é?
- **He's calm and reliable.** > Ele é calmo e confiável

3 DIÁLOGO PRÁTICO

A: Who is she?

B: She is the new Brazilian super model.

A: She is very attractive!

B: Yes, and very dynamic, too.

A: Is she reliable?

B: Yes, but she's a little stubborn sometimes (algumas vezes).

a. EMPHASIZING A QUALITY
ENFATIZANDO UMA QUALIDADE

Quando quiser enfatizar uma qualidade, você poderá usar a palavra **very** (muito) antes do adjetivo. Exemplo:

- **The model is very tall** > A modelo é muito alta.
- **The runway is very long.** > A passarela é muito comprida.

Mas para dizer que uma coisa é excessiva, use a palavra **too** (demais) antes do adjetivo.

- **This portfolio is too heavy.** > Este portfolio está pesado demais.

4 DIÁLOGO PRÁTICO

A: Who are you?

B: I am Ariane Machado, a Brazilian model.

A: How old are you?

B: I am seventeen years old.

A: What is your height?

B: I am 5' (feet) and 6" (inches) tall.

A: What's your weight?

B: I weigh 125 pounds.

CAPÍTULO 3

PLANNING THE WARDROBE
PLANEJANDO O GUARDA-ROUPA

Ah! As roupas!

Faz parte da sua preparação para a carreira de modelo o cuidado que deve ter com um guarda-roupa básico para se apresentar às agências de modelos ou aos fotógrafos, visando tirar as fotos a serem enviadas.

E se você tem boas perspectivas para se apresentar nas passarelas do exterior, precisa aprender logo quais são, em inglês, os tipos de moda, as roupas para as diferentes ocasiões, os calçados e acessórios.

Dia ou noite? Se levarmos em consideração o período do dia, tempo ou a ocasião em que as roupas são usadas ou exibidas, a moda pode ser dividida nas seguintes categorias:

A. KINDS OF FASHION
TIPOS DE MODA

1. **Daily fashion/casual** > moda casual/diária
2. **Fashion for specific places and occasions**
   > Moda para lugares e ocasiões específicos

1. DAILY FASHION
MODA DIÁRIA

Conforme os gêneros e idades a que se destinam, as roupas do dia a dia dividem-se geralmente em:

- **menswear** > roupa masculina
- **womenswear** > roupa feminina
- **teens wear** > moda jovem
- **childrens wear** > roupa infantil
- **innerwear/underwear** > roupa íntima
- **sleepwear** > roupa de dormir

Para começar, procure memorizar as roupas que são básicas para todas as idades e sexos que são apresentadas abaixo. As demais poderão ser encontradas no Banco de Palavras.

- **blazer** > blazer
- **blouse** > blusa
- **boxer short** > cueca samba-canção
- **bra/brassiere** > sutiã
- **briefs** > cueca
- **dress** > vestido
- **jacket** > jaqueta/paletó
- **jeans** > jeans
- **jumpsuit** > macacão
- **pajamas** > pijama
- **panties** > calcinhas
- **pants** > calças
- **shirt** > camisa
- **shorts** > *short*/calção

- **skirt** > saia
- **sock** > meia
- **suit** > terno
- **sweatpants** > calça de moletom
- **sweatshirt** > blusão de moletom
- **top** > blusa/*top*
- **top tank** > camiseta regata
- **T-shirt** > camiseta

TIP TIME

Pants, **panties** e **shorts** são palavras que só aparecem no plural, em inglês.

NOTA GRAMATICAL

ASKING ABOUT OBJECTS PERGUNTANDO SOBRE OBJETOS

Para perguntar e responder o que é uma coisa que está próxima, você pode usar as expressões:

- **What's this?** > O que é isto?
- **This is**... > Isto é... **Ou: It's...** > É...

Exemplo:

- **What's this?** > O que é isto?
- **This is a skirt.** > Isto é uma saia.
- **It's a skirt.** > É uma saia.

Para mais de um objeto a pergunta é:

- **What are these?** > O que são esses/essas?
- **These are...** > Esses/Essas são... **Ou: They are...** > Eles/Elas são...

Exemplo:

- **What are these?** > O que são esses?
- **These/They are bathing suits.** > Essas são roupas de banho.

Quando quiser saber o que é um objeto que está longe de você, a pergunta e a resposta deverão ser:

- **What's that?** > O que é aquilo?
- **That is...** > Aquilo é...

Exemplo:

- **What's that?** > O que é aquilo?
- **That's a T-shirt.** > Aquilo é uma camiseta.

No plural a pergunta para objetos distantes será:

- **What are those?** > O que são aqueles/aquelas?
- **Those/They are...** > Aqueles/aquelas são...

Exemplo:

- **What are those?** > O que são aquelas?
- **Those are cover ups** > Aquelas são cangas.

a. OUTWEAR FASHION
MODA PARA USO EXTERNO

Para que você possa enfrentar as baixas temperaturas no exterior, ou posar para fotos de moda inverno, há vários itens de vestuário que servem de abrigo contra o frio e outros elementos da natureza. Conheça os nomes em inglês para a moda nestes casos.

- **cape** > capa/manto curto
- **coat** > casaco
- **overcoat** > sobretudo

- **raincoat** > capa de chuva
- **trenchcoat** > capa estilo militar
- **parka** > agasalho geralmente com um capuz

TIP TIME

* **hood** > capuz
* **pocket** > bolso
* **belt** > cinto

b. FASHION FOR SPECIFIC PLACES AND OCCASIONS
MODA PARA LUGARES E OCASIÕES ESPECÍFICOS

Já parou para pensar na variedade de moda que existe para diferentes lugares e ocasiões especiais? Veja algumas opções a seguir. Depois vamos focalizar aqui as mais em evidência. Outras, de acordo com sua necessidade, você poderá encontrar no Banco de Palavras.

- **beach fashion/beach wear**
  > moda praia
- **sports/dance fashion**
  > moda esportiva/dança
- **party/wedding fashion and evening wear**
  > moda para festa/casamento e noite
- **pregnancy/maternity fashion**
  > moda para gestantes
- **baby/children fashion**
  > moda para bebês/crianças
- **professional wear**
  > moda profissional

c. BEACH WEAR
MODA PRAIA

Vamos à praia? A nossa moda praia é cada vez mais conhecida e admirada no exterior. Se você tiver que apresentá-la lá fora, precisa conhecer os nomes em inglês das principais peças do vestuário usadas na praia:

- **Unisex** > *unissex*
- **bathing suits/swimsuits** > roupas de banho
- **beach shorts** > shorts de praia
- **board shorts** > bermudão de surf
- **cover ups/wraps** > cangas/abrigos
- **maillots** > maiôs
- **shorts** > shorts
- **tank suit** > conjunto com regata
- **men** > homens
- **boys** > meninos
- **bathing/swim trunk** > sunga
- **women** > mulheres
- **girls** > meninas
- **one piece swimsuit** > maiô
- **bikini** > biquíni
- **monokini**. > monoquíni
- **halter** > frente única

TIP TIME

- ★ **bikini top** > parte de cima
- ★ **bikini bottom** > parte de baixo

05 DIÁLOGO PRÁTICO

A: Excuse me, what's that?

B: That's a swimsuit, miss.

A: Are these swimsuits, too?

B: No, these are tank suits.

A: Can I see them?

NOTA GRAMATICAL

ACTIONS IN THE PRESENT AÇÕES NO PRESENTE

Para falar sobre ações que acontecem no presente, com diferentes graus de frequência, você deve usar o presente simples. Aprenda alguns verbos bastante usados no dia a dia e também no relacionamento com os profissionais de sua área.

O primeiro desses verbos é o verbo **to like** (gostar), nas formas afirmativa, negativa e interrogativa do presente simples. Para rever este e outros tempos verbais, consulte o Segmento Gramatical no final do livro.

VERB TO LIKE > VERBO GOSTAR

- **I like this portfolio.**
  > Eu gosto deste portfólio
- **They don't like the fitting room.**
  > Elas não gostam do provador.
- **Does she like the coat?**
  > Ela gosta do casaco?
- **Do you like the red raincoats?**
  > Você gosta das capas de chuva vermelhas?

VERB TO NEED > VERBO PRECISAR

Outro verbo importante para atender às suas necessidades é o verbo **to need** (precisar). Veja alguns Exemplos no presente simples:

- **We need your measurements.**
  > Precisamos de suas medidas.
- **She needs a job.**
  > Ela precisa de um emprego.
- **He doesn't need another suit for the runway.**
  > Ele não precisa de outro terno para o desfile.

SHORT ANSWERS > RESPOSTAS CURTAS

É muito comum usar respostas curtas tanto em frases afirmativas como nas negativas.

Veja exemplos no Presente Simples do verbo **to wear** (usar).

- **Do you wear pants everyday?** > Você usa calças todo dia?
- **Yes, I do.** > Sim, uso. Ou: **No, I don't.** > Não, não uso.
- **Does Fred wear tank tops?** > O Fred usa camisetas regata?
- **Yes, he does.** > Sim, usa. Ou: **No, he doesn't.** > Não, ele não usa.

Nota: Você encontrará a conjugação completa de verbos no Presente Simples no Seguimento Gramatical (cap.17).

B. BODY PARTS
PARTES DO CORPO

Se os atributos físicos têm grande importância, qualquer que seja a área escolhida para que alguém se candidate à profissão de modelo, é necessário conhecer bem as partes do corpo humano, em inglês. Para ajudar você a memorizá-las, veja a figura a seguir:

1. **ankle** > tornozelo
2. **arms** > braços
3. **body** > corpo
4. **back** > coluna
5. **belly** > barriga
6. **bust** > busto
7. **chest** > peito
8. **ear** > orelha/ouvido
9. **elbow** > cotovelo
10. **eyes** > olhos
11. **face** > rosto
12. **fingers** > dedos
13. **foot/feet** > pé/pés
14. **hands** > mãos
15. **head** > cabeça
16. **hip** > quadril
17. **knee** > joelho
18. **legs** > pernas
19. **mouth** > boca
20. **nose** > nariz
21. **neck** > pescoço
22. **shoulders** > ombros
23. **throat** > garganta
24. **toes** > dedos do pé
25. **wrist** > pulso
26. **waist** > cintura

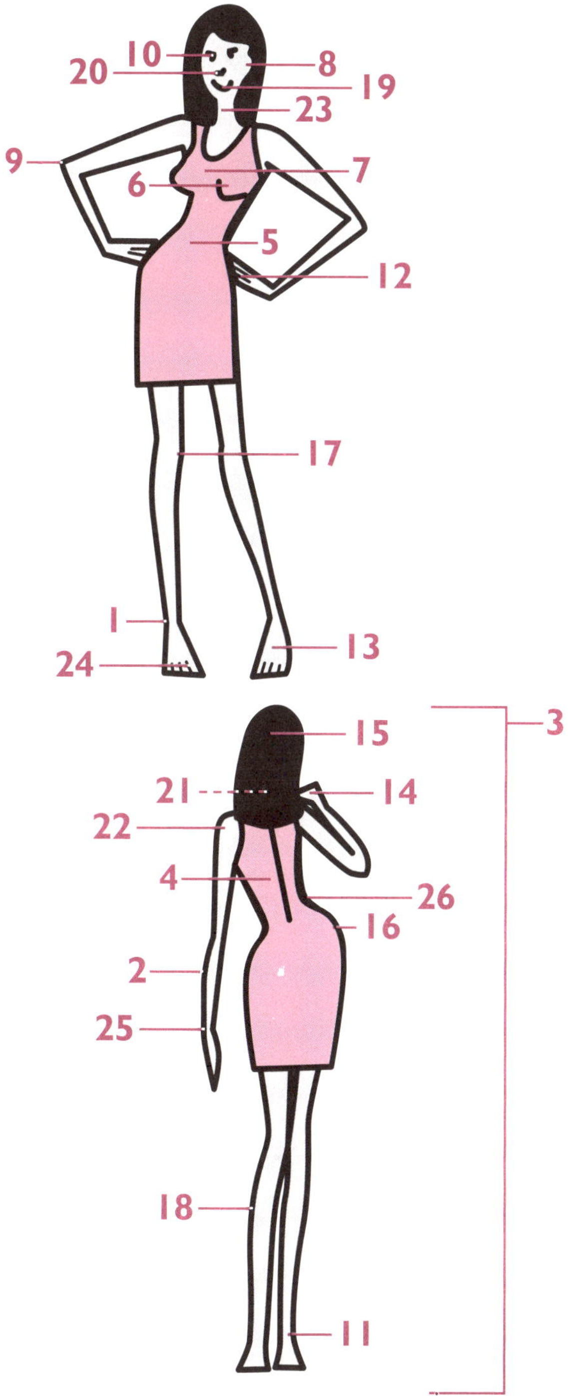

C. CLOTHES AND SHOES SIZES
TAMANHOS DAS ROUPAS E CALÇADOS

É difícil um trabalho de modelo que não esteja relacionado com o vestuário e calçados, envolvendo por isso, tamanhos, medidas, formatos e cores. Os tamanhos-padrão de roupas e calçados têm sido regionais. É uma loucura entender o porquê de uma variedade tão grande, de acordo com cada região. Por exemplo, os Estados Unidos, a Europa, o Reino Unido, a Austrália, a Nova Zelândia e o Japão possuem diferentes padrões. Veja no quadro abaixo um exemplo dessas diferenças:

WOMEN CLOTHES ROUPAS FEMININAS

Brasil	US/Canada	Europe	UK	Australia	Japan
34	6	36	8	10	9
36	8	38	10	12	11
38	10	40	12	14	13
40	12	42	14	16	15
42	14	44	16	18	17
44	16	46	18	20	19
46	18	48	20	22	21
48	20	50	22	24	23
50	22	52	24	26	25
52	24	54	26	28	27

MEN CLOTHES ROUPAS MASCULINAS

	Brasil	US/Canada	Europe	UK	Australia	Japan
CAMISAS	36	14	36	36	36	25
	37	14 1/2	37	37	38	25 1/2
	38	15	38	38	39.5	26
	39	15 1/2	39	39	41	26 1/2
	40	16	40	40	42.5	27 1/2
TERNOS/ SOBRETUDOS	46	36	36	36	44	28
	48	38	38	38	45.5	28 1/2
	50	40	40	40	47	29 1/2
	52	42	42	42	49	29 1/2
	54	44	44	44	51	30 1/2

TIP TIME

Clothing sizes (tamanhos de roupas)

* **small** > pequeno
* **medium** > médio
* **large** > grande
* **extra-large** > extragrande

Exemplo:

* **What size is she?** > Qual é o tamanho dela?
* **She is a medium size.** > Ela é tamanho médio.

D. COLORS
CORES

Cores, cores, cores! Elas dão aquele toque de magia a tudo e principalmente aos objetos de moda.

As cores básicas ou primárias vêm a seguir. Quer conhecer suas tonalidades ou nuances? Visite o Banco de Palavras no capítulo 18.

- **black** > preto
- **blue** > azul
- **brown** > marrom
- **green** > verde
- **grey***[AE]* **/gray***[BE]* > cinza
- **orange** > laranja
- **pink** > cor-de-rosa
- **red** > vermelho
- **violet/purple** > roxo
- **white** > branco
- **yellow** > cinza

As cores em inglês seguem a mesma regra dos adjetivos, ou seja, vêm sempre antes do objeto, nunca depois dele.

Exemplos:

- **a white shirt** > uma camisa branca
- **a green wool sweater** > uma malha de lã (suéter) verde

Quando queremos saber a cor de alguma coisa devemos dizer:

- **What color is the...?** > Que cor é o/a...?
- **It's... (color's name)** > É... (nome da cor)

Exemplo:

- **What color is the coat?** > De que cor é o casaco?
- **It's purple.** > É roxo.

Para saber a cor de mais de uma coisa, a pergunta deverá ser:

- **What color are the swimsuits?** > De que cor são os maiôs?
- **They are pink.** > São rosa.

TIP TIME

Para indicar tonalidades de uma cor, usam-se as palavras **light** (claro) e **dark** (escuro) antes da cor:

Exemplos:

* **light blue** > azul-claro
* **dark blue** > azul-escuro
* **A light blue shirt.** > Uma camisa azul-clara.

NOTA GRAMATICAL

POSSESSIVE CASE CASO POSSESSIVO

Para sabermos a quem uma coisa pertence usamos **Whose...?** (De quem...?) na pergunta. Exemplo:

- **Whose photo is this?** > De quem é essa foto?

E a resposta consiste no nome do possuidor seguido de ' (apóstrofe) mais s, e da coisa possuída.

Exemplo:

- **This is Francine's sweater.** > Este suéter é de Francine.
- **It's Maurice's suit.** > É o terno de Maurice.

6 DIÁLOGO PRÁTICO

A: Whose shirt is that? Is this your shirt, Dave?

B: No Mom. It's not my shirt. My shirt is blue. That is Sergio's shirt.

A: Thank you.

B: You are welcome.

CAPÍTULO 4

CHOOSING ACCESSORIES
ESCOLHENDO ACESSÓRIOS

A. ACESSORIES
ACESSÓRIOS

Já parou um pouco para pensar em como é incrível a quantidade de acessórios ou objetos que usamos diariamente para complementar as nossas roupas? Quer ver uma "listinha" dos principais acessórios em inglês ?

- **accessories** > acessórios
- **belts** > cintos
- **eyeglasses** > óculos
- **gloves** > luvas
- **handbags** > bolsas
- **hats** > chapéus
- **jewelry/costume jewelry** > joias/bijuterias
- **neckwear/neckties** > lenços de pescoço e gravatas
- **shoes** > calçados

1. FOOTWEAR FASHION
MODA DE CALÇADOS E MEIAS

Ah! Como são importantes os calçados como complemento para destacar as roupas que usamos! E como modelo de passarela, se for mulher, você tem que estar pronta para aguentar os saltos mais altos e os tipos mais variados de sapatos, qualquer que seja o sexo ou idade.

E o que dizer da infinidade de meias que existem para cada ocasião? Vamos mostrar aqui, alguns itens principais. Outros estão à sua disposição no Banco de Palavras.

a. HOSIERY
MEIAS

- **pantyhose** > meia-calça fina
- **socks** > meias curtas
- **stockings** > meias compridas
- **tights** > meia-calça

b. SHOES
CALÇADOS

- **boots** > botas
- **booties** > botas de cano baixo
- **casual shoes** > sapatos comuns
- **flip flop/thong** > sandálias havaianas
- **loafer** > sapato tipo sapatilha
- **moccasin** > mocassim
- **pump shoe**[AE]/**court shoe**[BE] > sapato liso de colocar
- **sandals** > sandálias

- **sneakers**[AE]/**plimsoll**[BE] > tênis comum
- **slippers** > chinelos
- **stiletto** > sapatos de salto alto e muito fino/agulha
- **tennis shoe**[AE]/**trainer**[BE] > tênis para esportes

WOMEN'S SHOES CONVERSION CHART

TABELA DE CONVERSÃO DE SAPATOS FEMININOS

Brazil	35	35.5	36	36.5	37	38	39	40	41	42
US/Canada	6.5	7	7.5	8	8.5	9	9.5	10	11	12
Europe	37	37.5	38	38.5	39	40	41	42	43	44
UK	4	4.5	5	5.5	6	6.5	7	8	9	10
Australia	5	5.5	6	6.5	7	7.5	8	8.5	9	10.5
Japan	22.5	23	23.5	24	24.5	25	25.5	26	27	28
Inches	$9\frac{3}{8}$	$9\frac{1}{2}$	$9\frac{5}{8}$	$9\frac{3}{4}$	$9\frac{7}{8}$	10	$10\frac{1}{8}$	$10\frac{1}{4}$	$10\frac{1}{2}$	$10\frac{3}{4}$
Cm	23.8	24.1	24.5	24.8	25.1	25.4	25.7	26	26.7	27.3

MEN'S SHOES CONVERSION CHART

TABELA DE CONVERSÃO DE SAPATOS MASCULINOS

Brazil	35	35.5	36	36.5	37	38	39	40	41	42
US/Canada	5	5.5	6	6.5	7	7.5	8	8.5	9	10.5
Europe	37	37.5	38	38.5	39	40	41	42	43	44
UK	4.5	5	5.5	6	6.5	7	7.5	8	8.5	10
Australia	4.5	5	5.5	6	6.5	7	7.5	8	9	10
Japan	23	23.5	24	24.5	25	25.5	26	26.5	27.5	28.5
Inches	$9\frac{3}{8}$	$9\frac{1}{2}$	$9\frac{5}{8}$	$9\frac{3}{4}$	$9\frac{7}{8}$	10	$10\frac{1}{8}$	$10\frac{1}{4}$	$10\frac{1}{2}$	$10\frac{3}{4}$
Cm	23.8	24.1	24.5	24.8	25.1	25.4	25.7	26	26.7	27.3

TIP TIME

Os saltos dos calçados podem ser:

* **high heel** > salto alto
* **mid heel** > salto médio
* **low heel** > salto baixo

NOTA GRAMATICAL

WHERE? ONDE?

Na comunicação com as pessoas, é importante saber informar onde os objetos estão. Se quiser explicar onde uma ou mais coisas estão, use algumas das seguintes palavras:

- **behind** > atrás
- **beside/next to** > ao lado de
- **in** > dentro
- **in front of** > na frente, diante de
- **on** > em cima
- **under** > embaixo

A pessoa que quer saber onde um objeto está, vai iniciar a pergunta com:

- **Where is the...?** > Onde está o/a...?

Exemplo:

- **Where is the composite?** > Onde está o *composite*?
- **The composite is in the drawer.** > O *composite* está na gaveta.

No caso de mais objetos, a pergunta deverá ser um pouco diferente.

Exemplo:

- **Where are the shoes?** > Onde estão os sapatos?

- **The shoes are under the bed.**
  > Os sapatos estão embaixo da cama.

2. HANDBAGS/BAGGAGE
BOLSAS/BAGAGEM

Se há uma moda que muda de ano para ano é a das bolsas. Sua variedade, oferecida pelos estilistas e fabricantes é interminável. A lista completa deixaria você cansado se fosse apresentada aqui. Mais adiante você aprenderá o formato ou os materiais de que elas são feitas. Principais tipos de bolsas em inglês:

- **backpack** > mochila
- **baguette** > bolsa pequena tipo baguette
- **baggage**[AE]/**luggage**[BE] > bagagem
- **carry all**[AE]/**hold all**[BE] > sacola de mão
- **change purse**[AE]/**purse**[BE] > porta-moedas
- **cosmetic case** > frasqueira
- **duffel bag** > sacola de mão com alças
- **garment bag** > mala de roupas
- **handbag** > bolsa
- **suitcase/bag** > mala
- **trolley bag**[AE]/**wheeled luggage**[BE] > mala de rodas
- **tote bag** > bolsa grande, geralmente retangular, aberta em cima, com duas alças

07 DIÁLOGO PRÁTICO

A: Excuse me!

B: Yes?

A: Is this your handbag?

B: Pardon?

A: Is this your handbag?

B: Yes, it is. Thank you very much.

3. BELTS
CINTOS

Como os cintos e faixas são volúveis no mundo da moda! Aparecem e desaparecem de acordo com a vontade dos estilistas. Existe uma infinidade de cintos, feitos dos mais variados produtos. Eis alguns mais conhecidos:

- **crocheted belt** > cinto de crochê
- **fabric belt** > cinto de tecido
- **fashion belt** > cinto da moda
- **leather belt** > cinto de couro
- **waist band** > faixa para a cintura

4. HATS
CHAPÉUS

Os chapéus já fizeram parte integrante do guarda-roupa da mulher elegante. Atualmente seu uso é mais comum em eventos esportivos, cerimônias ou como proteção contra elementos da natureza.

Se o seu trabalho como modelo exigir um conhecimento mais profundo, veja no Banco de Palavras um vocabulário mais extenso, mas os acessórios de cabeça mais usados são os seguintes:

- **bandana** > bandana
- **beret/tam o' shanter***[BE]* > boina
- **bucket hat** > chapéu com a aba para baixo (para proteger do sol)
- **cap** > boné/gorro
- **fedora/trilby** *[Europe]* > chapéu geralmente de feltro com aprofundamento na copa e aba usada para baixo
- **hat** > chapéu

HEAD ACCESSORIES ACESSÓRIOS DE CABEÇA

- **crown** > tiara
- **barrette** > barrette, presilha
- **headbands** > faixas de cabelo
- **head claws** > piranha
- **head clips** > clips de cabelo
- **hairpins** > grampos de cabelo
- **hair holder** > prendedor de cabelo
- **hair jewelry** > joias para cabelo
- **head sticks** > palitos para cabelos
- **ponytail holders** > prendedores para rabo de cavalo

TIP TIME

Partes de um chapéu:

* **crown** > copa
* **bill** > aba pontuda de boné
* **brim** > aba redonda de chapéu

NOTA GRAMATICAL

THERE IS/THERE ARE HÁ/TEM/EXISTE

Para dizer que uma coisa existe, você deve usar a palvra **there** seguida de **is** (singular) ou de **are** (plural).

Veja os exemplos para perguntas e respostas:

- **Is there a straw hat here?**
  > Há um chapéu de palha aqui?
- **Yes, there is.** > Sim, há.
  Ou: **No, there isn't.** > Não, não há.
- **Are there top hats in that shop?**
  > Há cartolas naquela loja?
- **Yes, there are.** > Sim, há.
  Ou: **No, there aren't.** > Não, não há.

5. EYEWEAR/EYEGLASSES ÓCULOS

Você vai concordar que os óculos de sol e de grau se tornaram definitivamente artigos de moda. Há uma grande variedade de óculos que podem ser usados por necessidade, para proteção ou para acompanhar a moda. Veja com "bons olhos" no quadro abaixo quais são, em inglês, os tipos de óculos que poderá vir a promover:

- **fashion glasses** > óculos de moda
- **reading glasses** > óculos para leitura
- **recreation glasses** > óculos para lazer
- **sunglasses** > óculos de sol
- **signature eyewear** > óculos de grife

TIP TIME

- **color metals** > armações de metal colorido
- **carbon frames** > armações de carbono
- **earpiece** > haste
- **frame** > armação

6. NECKWEAR/NECKTIES/TIES
MODA PARA O PESCOÇO/GRAVATAS

Gravatas (mesmo para mulheres, xales, lenços e cachecóis podem dar um charme todo especial à roupa e complementar o que estamos vestindo. Não deixe de memorizar seus nomes em inglês!

- **bowtie** > gravata borboleta
- **necktie/tie** > gravata comum
- **scarf** > echarpe
- **self tie** > gravata plastron
- **shawl** > xale
- **stole** > estola

TIP TIME

Existem basicamente quatro tipos de nós de gravata:

* **four-in-hand** > nó americano ou esportivo
* **Pratt/Shelby** > nó *Pratt* ou *Shelby*
* **Half-Winsor** > nó francês
* **Windsor** > o mais usado: nó inglês

7. GLOVES
LUVAS

No passado, uma mulher elegante não saía de casa sem luvas. Atualmente são usadas principalmente como proteção contra o frio e como instrumentos de trabalho, embora alguns estilistas eventualmente as incluam em seus desfiles para dar mais requinte aos mesmos. Conheça os principais tipos de luvas em inglês:

- **driving gloves** > luvas para dirigir
- **fingerless gloves** > luvas sem dedos
- **gauntlet** > luva de montar ou esgrimir
- **mittens** > mitene
- **long opera length gloves** > luvas longas de gala
- **work gloves** > luvas de trabalho

8. JEWELRY/COSTUME JEWELRY
JOIAS/BIJUTERIAS

A variedade de joias e as bijuterias, que são usadas como objetos de adorno, é tão grande que mereceriam um capítulo à parte.

Pedras preciosas e semipreciosas, metais de grande valor ou materiais usados em bijuterias de baixo custo, artesanais. Aprenda em inglês, os mais usados e, como o assunto é apaixonante, procure os nomes das pedras preciosas no Banco de Palavras.

- **bracelet** > pulseira
- **brooch**[BE]/**pin**[AE] > broche
- **cameo** > camafeu
- **charm** > talisman/berloque
- **chain** > corrente
- **chocker** > gargantilha
- **earrings** > brincos
- **pierced earrings** > brinco para orelha furada
- **clip on** > brinco de pressão
- **locket** > medalhão
- **necklace** > colar
- **pendant** > pingente/pendente
- **ring** > anel
- **watch** > relógio de pulso

TIP TIME

- **bar pin/tie tack** > prendedor de gravata
- **clasp** > fecho
- **safety catch** > fecho de segurança

Agora aprenda a usar corretamente alguns verbos que serão úteis na sua comunicação do dia a dia:

NOTA GRAMATICAL

MORE IMPORTANT VERBS MAIS VERBOS IMPORTANTES

VERB TO HAVE (VERBO TER)

- **I have an Italian straw hat.**
  > Eu tenho um chapéu de palha italiana.
- **Andrea doesn't have gold earrings.**
  > Andrea não tem brincos de ouro.
- **Do you have a cosmetic case?**
  > Você tem uma frasqueira?

Note como esse verbo se modifica para he, she e it:

- **She has many boots.** > Ela tem muitas botas.
- **David has many bandanas.** > David tem muitas bandanas.
- **The models' school has good courses.**
  > A escola de modelos tem bons cursos.

VERB TO WORK (VERBO TRABALHAR)

O verbo to **work** (trabalhar) também é muito importante, porque é usado quase que diariamente.

Veja alguns exemplos práticos:

- **I work for this agency.** > Eu trabalho para essa agência.
- **Fabiana works as a commercial model.**
  > Fabiana trabalha como modelo comercial.
- **I don't work in Hong Kong.** > Eu não trabalho em Hong Kong.
- **Bob doesn't work at night.** > Bob não trabalha à noite.
- **Do you work here?** > Você trabalha aqui?
- **Yes, I do./No. I don't.** > Sim, trabalho/Não, não trabalho.

Lembre-se:

- **in the morning** > de manhã,
- **in the afternoon** > de tarde,
- **in the evening/at night** > à noite.

VERB TO ARRIVE (VERBO CHEGAR)

Esse verbo é bastante usado porque implica em pontualidade, que é um dos requisitos mais exigidos, principalmente quando se trata de compromissos com estrangeiros, que consideram um atraso falta de educação. Veja alguns exemplos de seu uso no presente simples:

- **The top model arrives on Sunday afternoon.**
  > A *top model* chega no domingo à tarde.
- **Mr. Ming doesn't arrive today.** > O sr. Ming não chega hoje.

Veja exemplos da conjugação completa de verbos no Presente Simples, no capítulo 17, o Seguimento Gramatical.

8 DIÁLOGO PRÁTICO

- **A:** Excuse me?
- **B:** Yes?
- **A:** Do you have headbands?
- **B:** What color?
- **A:** Black ones.
- **B:** I'm sorry, I don't.
- **A:** What about ponytail holders?
- **B:** Sure, we do. Here you are.
- **A:** Thank you.
- **B:** You're welcome.

CAPÍTULO 5

LOOKING GOOD
BOA APARÊNCIA

Uma grande parte do seu sucesso como modelo depende de sua aparência física, certo? Para você manter os cuidados com o seu corpo, também no exterior, precisa aprender como pedir os produtos que fazem parte do seu ritual de beleza. Para facilitar o estudo desse item tão importante, vamos dividi-lo em partes:

- **Hair care** > cuidados com os cabelos
- **Face care** > cuidados com o rosto
- **Body care** > cuidados com o corpo
- **Health care** > cuidados com a saúde
- **Dental care** > cuidados com os dentes
- **Diet** > dieta
- **Fitness** > fitness/boa forma física

A. HAIR CARE
CUIDADOS COM OS CABELOS

Mudança de cor? Penteados exóticos? Cortes de cabelo para acompanhar o look da moda? Antes dos desfiles da passarela, cores dos cabelos e penteados são mudados em tempo recorde, para atender as exigências dos profissionais neles envolvidos. E o que dizer da incrível evolução da indústria internacional de produtos capilares, permitindo essas transformações radicais e extremamente rápidas no visual das pessoas?

1. TYPES OF HAIR
TIPOS DE CABELO

Se você já iniciou sua carreira de modelo, está mais do que consciente de que seus cabelos exigem um tratamento intensivo, até para aguentar as provas a que eles serão submetidos. Como são seus cabelos?

Como sempre, vão aí tanto as qualidades como os defeitos.
Veja onde você se encaixa com relação a eles:

- **bleached** > descolorido
- **coarse** > áspero
- **colored hair** > tingido
- **curly** > encaracolado
- **damaged** > danificado
- **fine** > fino
- **long** > longo/comprido
- **manageable** > jeitoso
- **medium long** > meio longo
- **permed** > com permanente
- **shinny/glossy** > brilhante
- **silky** > sedoso
- **short** > curto
- **straight** > liso
- **tangled** > embaraçado
- **thick** > grosso
- **wavy** > ondulado
- **with highlights** > com luzes
- **with extension** > com alongamento

TIP TIME

Profissionais do cabelo:

* **hair stylist/hairdresser** > cabeleireiro/cabeleireira
* **barber** > barbeiro

2. HAIRSTYLES/HAIRCUTS
PENTEADOS/CORTES DE CABELO

Qual é o seu penteado habitual? Se você já posou para fotos, os **hair stylists** devem ter mudado inúmeras vezes seu visual, de acordo com as exigências de fotógrafos, estilistas ou das agências que a contrataram para vender um determinado produto. Há uma infinidade de estilos que variam de acordo com a cultura de cada povo, com o sexo e principalmente com a moda em vigor:

- **afro** > estilo afro
- **bangs/fringe** > franja
- **brush cut** > cabelo mais longo em cima, com picos tipo escova
- **channel** > chanel
- **curls** > cachos
- **downcurls** > cabelo cacheado solto
- **downsmooth** > cabelo liso solto
- **dreadlocks** > cabelo com mechas que não é penteado nem cortado
- **hair braid** > trança
- **pony tail** > rabo de cavalo
- **upcurls** > cabelo cacheado preso
- **upsmooth** > cabelo liso preso
- **wig** > peruca

3. HAIR COLORS
CORES DE CABELOS

Na profissão de modelo, a mudança de cor dos cabelos é uma constante, sempre de acordo com as exigências dos estilistas e agentes. Em inglês, o cabelo natural (não tingido) pode apresentar as seguintes cores básicas:

- **ash** > cinza
- **black hair** > preto
- **blond** > louro
- **brown/auburn** > castanho
- **brunette** > morena
- **dark** > escuro/moreno
- **gray hair** > grisalhos
- **red hair** > vermelho

Exemplo:

- **What color is your hair?**
  > De que cor são seus cabelos?
- **My hair is black.**
  > Meu cabelo é preto.

Uma das maneiras de definir o tipo físico de alguém é basear-se na cor dos cabelos:

- **blond** > loiro
- **blonde** > loura
- **brown-haired** > castanho
- **brunette** > morena
- **dark-haired** > de cabelos escuros
- **gray-haired** > de cabelos grisalhos
- **light haired** > de cabelos claros

Exemplos:

- **He is light-haired.**
  > Ele tem cabelos claros.
- **The new face model is a brunette.**
  > A modelo *new face* é morena.

4. HAIR PRODUCTS
PRODUTOS PARA OS CABELOS

Produtos para os cabelos? Ah! Aqui você vai encontrar apenas os produtos básicos. A longa lista deles, só no Banco de Palavras.

- **conditioner** > condicionador
- **mousse** > mousse
- **glosser** > brilho
- **finishing spray** > fixador de acabamento
- **hair lotion** > loção capilar
- **hairspray** > *spray* fixador
- **rinse cream** > creme rinse
- **shampoo** > shampoo

5. TYPES OF HAIR COLORS
TIPOS DE TINTURAS DE CABELO

São tantas as nuances de cores que existem em cada tintura de cabelo, que você terá que se basear nas marcas internacionais que conhece para comprar o tom ou o produto que deseja. Mas veja quais são, em inglês, os principais produtos:

- **bleachers** > clareadores
- **demi permanent hair color** > tintura semipermanente

- **hair lighteners** > luzes/reflexos para cabelos
- **permanent color** > tintura permanente
- **temporary hair color** > tintura temporária

6. ASKING TO HAVE YOUR HAIR DONE
PEDINDO PARA ARRUMAR SEU CABELO

Se você, durante a sua estada no exterior, tiver a necessidade de utilizar os serviços de um hair stylist, precisa aprender as palavras e algumas expressões básicas, que podem ser usadas nessa situação.

Nota: Nunca diga em inglês o que se diz em português: Eu quero cortar o cabelo. No uso do idioma que estamos tratando, você sempre vai querer ***ter seu cabelo cortado, tingido, alisado etc.***

- **to cut** > cortar
- **cut** > cortado
- **haircut** > corte de cabelo
- **highlighted** > com luzes/reflexos
- **permed** > fazer permanente
- **straightened** > alisado

Exemplos:

- **I'd like to get/have my hair cut, please.**
  > Eu gostaria de cortar meu cabelo, por favor.
- **Please trim only the forehead.**
  > Por favor, corte somente na testa.
- **Please don't cut too much...**
  > Por favor, não corte muito
- **I'd like to have my hair highlighted.**
  > Gostaria de fazer luzes no meu cabelo.

B. FACE CARE
CUIDADOS COM O ROSTO

1. PARTS OF THE FACE
PARTES DO ROSTO

Na figura você poderá aprender as principais partes do rosto onde são aplicados os produtos de beleza.

1. **cheeckbones** > maçãs do rosto
2. **chin** > queixo
3. **ears** > orelhas
4. **eyes** > olhos
5. **eyebrows** > sobrancelhas
6. **eyelashes** > cílios
7. **headfront** > testa
8. **jaw** > maxilar/mandíbula
9. **lids** > pálpebras
10. **lips** > lábios
11. **nose** > nariz

TIP TIME

Qual o seu tipo de pele?

* **Skin types** > Tipos de pele
* **combination skin** > pele mista
* **dry skin** > pele seca
* **extra dry skin** > pele extra seca
* **normal skin** > pele normal
* **oily skin** > pele oleosa
* **sensitive** > skin

2. MAKE-UP PRODUCTS PRODUTOS DE MAQUIAGEM

Uma pele bonita e bem tratada é o sonho de toda mulher e, na profissão de modelo, qualquer que seja sua área, o cuidado diário jamais pode ser dispensado. De qualquer modo, na sua Escola ou Agência de Modelos, você já deve ter tido um curso básico de maquiagem, muito útil em qualquer emergência, pois seu uso adequado pode encobrir imperfeições e ao mesmo tempo pôr em destaque seus melhores atributos.

Para não errar na hora de repor o seu estoque de cosméticos e produtos de maquiagem, aprenda o nome correto deles, em inglês:

- **blush** > *blush*
- **bronzer** > bronzeador artificial
- **concealer** > corretivo
- **dusting powder** > pó de arroz
- **foundation** > base
- **glitter** > brilho

- **lip gloss** > brilho para os lábios
- **lip liner** > delineador de lábios
- **lip pencil** > lápis para lábios
- **lip mosturizing** > umedecedor de lábios
- **lipstick** > batom
- **powder** > pó facial
- **shimmer** > pó com leve brilho que pode ser aplicado no rosto todo
- **shine control** > controlador de brilho

3. EYE MAKE-UP
MAQUIAGEM PARA OLHOS

Quer algo mais expressivo do que os olhos de uma pessoa? Você já deve conhecer a melhor maneira de dar a eles todo o destaque que merecem, mas é bom saber os nomes, em inglês, dos principais produtos para a maquiagem dos olhos:

- **concealer** > corretivo
- **eyebrow dye** > tintura para sobrancelha
- **eye cleansing lotion** > loção de limpeza para olhos
- **eyebrow gel** > gel para sobrancelha
- **eyebrow pencil** > lápis de sobrancelha
- **eye glitter** > brilho para olhos
- **eye make-up remover** > demaquilante para os olhos
- **eye mosturizing** > hidratante para olhos
- **eyeliner** > delineador de olhos
- **eye shadow** > sombra de olhos
- **mascara** > rímel
- **shadow base** > base de sombra

C. BODY CARE
CUIDADOS COM O CORPO

1. BODY MAKE-UP COSMETICS
COSMÉTICOS PARA O CORPO

O cuidado com o nosso corpo é fundamental, tanto do ponto de vista estético como o que se refere à nossa saúde, concorda? Começamos aqui pelo exterior, conhecendo os nomes em inglês dos cosméticos e produtos mais comuns:

- **after-sun treatment** > tratamento pós sol
- **age shield sunblock** > bloqueador/protetor solar anti-idade
- **anti cellulite treatment** > tratamento anticelulite
- **body blush** > *blush* para o corpo
- **body cleanser** > creme de limpeza
- **body lotion** > loção para o corpo
- **body oil** > óleo para o corpo
- **body moisturizer** > hidratante para o corpo
- **body-scrub bar** > sabão de limpeza e esfoliante
- **exfoliating body wash** > loção esfoliante
- **fake bronze compact** > compacto de falso bronzeador
- **feet cream** > creme para os pés
- **glitter gel** > gel *glitter*
- **gradual sunless tanning** > bronzeador gradual sem sol
- **gradual sunless tanning lotion** > loção bronzeadora sem sol
- **herbal body wash** > loção de hervas
- **shimmer power** > pó cintilante
- **shower & bath gel** > gel para chuveiro e banho de banheira

2. MANICURE/PEDICURE
MANICURE/PEDICURE

É importante que os modelos mantenham os pés e as mãos bem cuidados, e a **french manicure** (manicure francesa) é a mais indicada. O vocabulário, em inglês, relativo a esse tópico é o seguinte:

- **artificial nails** > unhas artificiais
- **base coat** > base de esmalte
- **cuticule creams** > cremes de cutícula
- **cuticule remover** > removedor de cutícula
- **cuticule oil** > óleo de cutícula
- **depilatory cream** > creme depilatório
- **depilatory lotion** > loção depilatória
- **fingers** > dedos da mão
- **fingernails** > unhas das mãos
- **feet and leg cream** > creme para mãos e pés
- **hand cream** > creme para as mãos
- **nails** > unhas
- **nail clipper/trimmer** > cortador de unhas
- **nail dryer** > secante de unhas
- **nail file** > lixa de unhas
- **nail polish/polish** > esmalte para unhas
- **nail polish remover** > removedor de esmalte
- **nail scissors** > tesourinha de unhas
- **toes** > dedos do pé
- **toe nails** > unhas do pé

D. HEALTH CARE
CUIDADOS COM A SAÚDE

Quer coisa mais preciosa do que uma boa saúde? Na carreira de modelo é uma condição indispensável para as duras exigências da profissão e você já deve ter recebido todas as orientações necessárias para a conscientização nesse tema tão importante. Onde quer que você esteja no exterior, procure logo saber onde ficam os **healthcare services** (serviços de saúde) a que você tem direito por contrato ou o seu **international healthcare insurance** (plano internacional de saúde).

Para facilitar a sua comunicação, aprenda o vocabulário necessário, em inglês:

- **dental care** > cuidado com os dentes
- **dental check-up** > *checkup* dental
- **dentist** > dentista
- **(in) good health** > boa saúde
- **(in) bad health** > má saúde
- **diet** > dieta
- **fitness** > *fitness*/boa forma
- **fitness center** > academia de ginástica
- **health checkup** > *checkup* de saúde
- **nutrition** > nutrição
- **nutricionista** > nutricionista
- **nutritional needs** > necessidades nutricionais
- **personal trainer** > personal trainer
- **(to) be fit** > estar em boa forma física
- **(to) work out/excercise** > fazer exercícios físicos
- **vitamins** > vitaminas

NOTA GRAMATICAL

HOW OFTEN? COM QUE FREQUENCIA?

Se você quiser saber com que frequência alguma coisa acontece, deverá usar a expressão **how often** (com que frequência).

Exemplos:

- **How often do you travel?**
  > Com que frequência você viaja?
- **I travel twice a year.**
  > Eu viajo duas vezes ao ano.
- **How often does she have a check-up?**
  > Com que frequência ela faz um *checkup*?
- **She has a check-up every six months.**
  > Ela faz um checkup a cada seis meses.

FREQUENCY WORDS PALAVRAS QUE INDICAM FREQUÊNCIA

O grau de frequência com que uma ação é realizada pode ser indicado utilizando-se alguma das palavras abaixo:

- **everyday** > todos os dias
- **always** > sempre
- **usually** > habitualmente
- **sometimes** > às vezes
- **never** > nunca

Exemplos:

- **I wear a t-shirt everyday.**
  > Eu uso camiseta todos os dias.
- **She always wears jeans.**
  > Ela sempre usa jeans.

- **I usually wear mini dresses.**
  > Eu habitualmente uso minivestidos.
- **Sometimes he wears a sports jacket.**
  > Às vezes ele usa um paletó esportivo.
- **We always wear bikinis.**
  > Nós sempre usamos biquínis.

9 DIÁLOGO PRÁTICO

A: Hi, how are you today?

B: I'm fine, thanks.

A: Excuse me, but do you always wear jeans and a t-shirt?

B: No, only when I don't work.

A: And how often do you travel on vacations?

B: Just once a year.

CAPÍTULO 6

PERFORMING APPOINTMENTS
CUMPRINDO COMPROMISSOS

Pontualidade? Quantas vezes você deve ter tido essa palavra martelada no seu ouvido!

No exterior eles ainda são mais exigentes do que aqui no Brasil. Portanto prepare-se para aprender muito bem tudo o que se refere a agendar e confirmar compromissos, fazer reservas etc. Que tal começar pelas datas?

A. APPOINTMENTS VOCABULARY
VOCABULÁRIO DE COMPROMISSOS

É interessante verificar quantas palavras em inglês já existem e são usadas no dia a dia da profissão de modelo. Provavelmente você já conhece algumas delas, mas é importante revê-las e aprender as menos conhecidas:

- **booking** > compromisso específico para um trabalho
- **bookout** > comunicação à agência da impossibilidade de realizar um determinado trabalho
- **(to) book** > garantir um trabalho
- **buyout** > pagamento adiantado para uso futuro de uma propaganda ou impresso
- **call** > compromisso de trabalho

- **call back** > segunda entrevista de trabalho, demonstrando uma possibilidade de contratação
- **call time** > hora exata em que deve estar presente no *set*
- **cancellation** > aviso com 24 horas de antecedência para cancelar um *booking*
- **cast** > elenco de uma agência de modelos/atores
- **casting** > *casting*/escolha de modelos ou atores para um determinado trabalho
- **cattle call** > várias agências mandam seus modelos para um *casting*
- **charter** > planilha com os dados relativos à agenda de trabalho dos modelos
- **go & see** > entrevista de emprego na qual o/a modelo mostra o portfolio
- **market/market job** > lugar onde há possibilidades de emprego
- **open call** > *casting* em que o cliente vê todos os candidatos para um determinado trabalho
- **promotion/prom** > publicidade para promover uma pessoa/serviço ou produto
- **sign-in-sheet** > lista com a ordem de apresentação dos modelos em um *cattle call*

B. WRITING THE DATES
ESCREVENDO AS DATAS/COMPROMISSOS

1. DAYS OF THE WEEK
DIAS DA SEMANA

Em inglês, os dias da semana têm sempre a inicial maiúscula.

- **Monday** > segunda-feira
- **Tuesday** > terça-feira
- **Wednesday** > quarta-feira
- **Thursday** > quinta-feira
- **Friday** > sexta-feira
- **Saturday** > sábado
- **Sunday** > domingo

Perguntas e respostas sobre o dia da semana podem ser feitas da seguinte forma:

- **What day is today?** > Que dia é hoje?
- **Today is Wednesday.** > Hoje é quarta-feira.
- **It's Wednesday.** > É quarta-feira.

TIP TIME

Se você quiser dizer que uma ação acontece num determinado dia da semana, deverá sempre usar **on** antes do dia: **on Monday** (na segunda-feira), **on Tuesday** (na terça-feira), **on Sundays** (aos domingos) etc.

Exemplo:

★ **The stylist doesn't work on Sunday.**
> O estilista não trabalha no domingo.

2. MONTHS OF THE YEAR
MESES DO ANO

Quer saber em que mês estamos?

- **What month is this?** > Que mês é este?
- **It's August.** > É agosto.

Os meses em inglês também têm inicial maiúscula.

January	janeiro
February	fevereiro
March	março
April	abril
May	maio
June	junho

July	julho
August	agosto
September	setembro
October	outubro
November	novembro
December	dezembro

Os nomes dos meses do ano podem ser abreviados da seguinte forma:

Jan – Feb – Mar – Apr – May – Jun – Jul – Aug – Sep – Oct – Nov – Dec

TIP TIME

Quando quiser referir-se aos meses do ano, use sempre **in** antes do mês: **in May** (em maio), **in April** (em abril) etc.

Exemplo:

* **The fashion trade show is in March.**
  > A feira de moda é em março.

3. THE SEASONS
ESTAÇÕES DO ANO

As estações do ano são as seguintes:

- **Autumn**[BE]/**fall**[AE] > outono
- **Spring** > primavera
- **Summer** > verão
- **Winter** > inverno

TIP TIME

FASHION WEEK SEMANA DE MODA

No mundo da moda, todo mundo conhece. São assim chamados os eventos de moda que acontecem de quatro ou mais vezes durante o ano, para mostrar aos compradores as coleções, roupas e acessórios da estação.

Exemplos:

* **This is the spring-summer collection.**
  > Essa é a coleção primavera-verão.
* **The stylists are preparing the autumn-winter collection.**
  > Os estilistas estão preparando a coleção outono-inverno.

Para você estar a par do que acontece no mundo da moda, procure informar-se com quem pode lhe dar as respostas certas. Aprenda a pedir informações, em inglês.

4. DATES
DATAS

Em inglês, as datas são sempre formadas usando o dia do mês em numeral ordinal. É importante que você aprenda esses numerais para depois utilizá-los de forma correta nas datas.

- **1st – first** > primeiro
- **2nd – second** > segundo
- **3rd – third** > terceiro
- **4th – fourth** > quarto
- **5th – fifth** > quinto
- **6 th – sixth** > sexto
- **7 th – seventh** > sétimo
- **8 th – eighth** > oitavo

Do 4 ao 20 acrescenta-se th ao número. Do 21 em diante, modifica-se apenas o número da direita. Veja os Exemplos:

- **21st – twenty-first**
- **22nd – twenty-second**
- **23rd – twenty-third**
- **24th – twenty-fourth**

Para saber qual é a data de hoje, a pergunta deve ser:

- **What's the date today?** > Qual é a data de hoje?
- **Today is...** > Hoje é...

Exemplo:

- **Today is June 5th.** > Hoje é o dia 5 de junho.

TIP TIME

Quando você quiser dizer uma data em que se mencione o dia, deverá usar **on** antes do mês, e não in, que só é usado quando o mês aparece sozinho, como vimos anteriormente.

Exemplos:

* **01/08 – on August 1st** > no dia primeiro de agosto
* **16/01 – on January 16th** > no dia 16 de janeiro

C. TELLING THE TIME
DIZENDO AS HORAS

Depois que você colocar na sua agenda a data do compromisso, vai querer acrescentar o horário para cumprir a famosa **punctuality** (pontualidade).

1. WHAT TIME IS IT?/WHAT'S THE TIME?
QUE HORAS SÃO?

Usa-se **o'clock** para indicar uma hora inteira.

Veja os exemplos de perguntas e respostas para as horas em inglês:

- **What time is it?/What's the time?**
- **It's two o'clock.** > São duas horas.
- **It's eight o'clock.** > São oito horas.
- **It's eleven o'clock.** > São 11 horas.

Para as 12h, usa-se **midday** (meio-dia) ou **noon**.
Para as 24h, **midnight** (meia-noite).

- **It's midday/noon**
- **It's midnight.**

O período que vai da meia-noite ao meio-dia é indicado usando-se a abreviação **a.m.** depois da hora. Já para o período que vai do meio-dia à meia-noite, emprega-se a abreviação **p.m.** depois:

- **6h > It's 6:00 a.m.**
  Ou: **It's six in the morning.**
- **16h > It's 4:00 p.m.**
  Ou: **It's four in the afternoon.**

A hora militar (13h,15h), ou seja, as dezenas do período que vai do meio-dia (12h) à meia-noite (24h), não é de uso comum nos Estados Unidos.

Pode-se dizer um mesmo horário de diferentes formas. As meias horas, por exemplo, podem ser **half past** (meia *hora* passada) ou **thirty** (trinta *minutos*):

- **7h30 > It's half past seven.**
  Ou: **It's seven thirty.**

Algo semelhante se aplica aos quartos de hora. Quando se trata do primeiro quarto de hora, pode-se dizer a **quarter past** (15 *minutos* passados), a **quarter after** (15 *minutos* depois) ou **fifteen** (15 *minutos*).

- **10h15 > It's a quarter past ten.**
  Ou: **It's a quarter after ten.**
  Ou: **It's ten fifteen.**

Quando se trata do último quarto de hora,
diz-se a **quarter to** (1/4 para) ou **forty-five** (45 *minutos*).

- **10h45 > It's a quarter to eleven.**
  Ou: **It's ten forty-five.**

Nos demais horários, usa-se a expressão **It's... past/after...** (São... *minutos* passados/após...) para horários antes da meia hora e **It's... to...** (São... para...) para horários depois da meia hora.

- **9h10 > It's ten past/after nine.**
- **9h20 > It's twenty past/after nine.**
- **9h40 > It's twenty to ten.**

Você também poderá apenas mencionar o número de minutos depois da hora.

- **9h10 > It's nine ten.**
- **9h20 > It's nine twenty.**
- **9h40 > It's nine forty.**

TIP TIME

* **da 0h às 12h > a.m.**
* **das 12 à 0h > p.m.**
* **1 minute > 60 seconds**
* **1 hour > 60 minutes**
* **1 day > 24 hours**
* **1 week > 7 days**
* **1 month > 30 days**
* **1 year > 12 months**

2. TIMES ZONES
FUSOS HORÁRIOS

Viajando pelo mundo você vai encontrar diferentes fusos horários aos quais vai ter que se adaptar, principalmente depois de uma longa viagem. Veja os principais e compare-os com o nosso país.

- **GMT** – Greenwich Mean Time > UTC
- **WET** – Western Europe Time > UTC
- **CET** – Central Europe Time > UTC+1 hora
- **EET** – Eastern Europe Time > UTC+2 horas

ESTADOS UNIDOS

- **AST** – Atlantic Standard Time > UTC - 4 horas *
- **EST** – Eastern Standard Time > UTC - 5 horas *
- **ET** – Eastern Time > equiparado a EST ou EDT, conforme o lugar e a época do ano, como em New York
- **CST** – Central Standard Time > UTC - 6 horas *
- **CT** – Central Time > equiparado a CST ou CDT, conforme o lugar e a época do ano, como em Chicago
- **PST** – Pacific Standard Time > UTC - 8 horas
- **PT** – Pacific Time > equiparado a PST ou PDT, conforme o lugar e a época do ano, como em Los Angeles

Nota: * siglas EST, EDT, CST e CDT também podem designar horários na Austrália.

São Paulo

-3hs

New York

-5hs

London

0h

Amsterdam

+1h

Hong Kong

+8hs

Tokyo

+9hs

3. OPENING AND CLOSING TIMES
HORÁRIOS DE ABERTURA E FECHAMENTO

Se o nosso assunto é horário, quando você está no exterior é importante também saber o horário em que as principais coisas funcionam: bancos, restaurantes e lojas.

Observe o exemplo no quadro abaixo:

MODELS AGENCY AGÊNCIA DE MODELOS	9:00 a.m. to 6:00 p.m.
BANK BANCO	10:00 a.m. to 3:00 p.m.
FITNESS CENTER ACADEMIA	6:00 a.m. to 11:00 p.m.

Algumas das perguntas e respostas mais frequentes relativas a esse tópico são:

- **What are the models agency hours?** > Qual o horário da agência de modelos?
- **What are the office hours?** > Qual o horário do escritório?
- **When does the bank open?** > Quando o banco abre?
- **It opens at 10 a.m.** > Abre às dez horas da manhã.

Exemplos:

- **What time does the food court open?** > A que horas abre a praça de alimentação?
- **It opens at 7 (seven) a.m.** > Abre às 7 (sete) da manhã.
- **What time does the bank close?** > A que horas fecha o banco?
- **It closes at 5 (five) p.m.** > Fecha às 5 (cinco) da tarde.

4. WHEN? QUANDO?

Para saber quando alguma coisa vai acontecer, você poderá fazer perguntas usando a expressão **When** (Quando?).

Exemplos:

- **When is the photo session?** > Quando é a sessão de fotos?
- **When is the casting?** > Quando é o *casting*?
- **When is the runway?** > Quando é o desfile?

5. HOW LONG?
QUANTO TEMPO?

Quer ter uma ideia de quanto tempo uma ação vai durar? A expressão mais usada é:

- **How long does it take?**
  > Quanto tempo leva?

Exemplos:

- **How long does the runway rehearsal take?**
  > Quanto tempo demora o ensaio do desfile?
- **It takes about two hours.**
  > Demora cerca de duas horas.
- **How long does it take to go downtown by subway?**
  > Quanto tempo leva para ir a cidade de metrô?
- **It takes about twenty-five minutes.**
  > Leva cerca de vinte e cinco minutos.

10 DIÁLOGO PRÁTICO

A: Excuse me?

B: Yes?

A: How long does the rehearsal take?

B: It takes about three hours.

A: What time is it now?

B: It's 2:30.

A: Thank you very much.

B: You are welcome.

CAPÍTULO 7

THE MODELLING WORLD
O MUNDO DOS MODELOS

A. TYPES OF MODELS
TIPOS DE MODELOS

Você já deve estar ciente que existem dois tipos básicos de modelos de moda, mas não custa atualizar seus conhecimentos para apresentarmos o vocabulário em inglês, não é mesmo?

1. **FASHION MODELS**
2. **COMMERCIAL MODELS**

1. FASHION MODELS
MODELOS DE MODA

- **FASHION EDITORIAL MODELS** > MODELOS PARA EDITORIAIS DE MODA
- **FASHION RUNWAY** > MODELOS DE PASSARELA
- **SHOWROOM MODELS** > MODELOS DE SHOWROOM

Fashion models são usados para promover produtos (principalmente roupas e acessórios, além de outros...)

High fashion é uma forma de arte da moda. O fotógrafo tira fotos dos **high fashion models**, baseados em temas artísticos, relacionados com o produto a ser difundido. Os modelos usam seu rosto e corpo para expressar as diferentes emoções exigidas. São contratados para trabalhar em campanhas, coleções editoriais de revistas para os estilistas de alta costura. Aparecem em revistas de moda tais como: Vogue, W, Elle, Glamour, Gloss, Cosmopolitan, Marie Claire, Harper's Bazaar etc.

Merecem destaque as **supermodels** ou **top models,** as mais bem pagas da categoria, que por serem celebridades, podem fazer parte de todo tipo de promoção. Além da presença nas passarelas dos **fashion shows**, são as musas dos estilistas e fotógrafos famosos, aparecendo em capas e reportagens de revistas importantes, ou mesmo campanhas comerciais, como as mencionadas anteriormente.

Nota: Em capítulos subsequentes serão apresentados os tópicos mais importantes, relativos a esse tipo de modelos.

2. COMMERCIAL MODELS
MODELOS COMERCIAIS

As campanhas oferecem muitos serviços e desenhos publicitários, desde grandes campanhas publicitárias aos anúncios mais simples.

Os modelos comerciais, que participam de filmagens, trabalhos fotográficos e de vídeo, aparecendo em anúncios e catálogos, são menos glamorosos do que os modelos **high fashion**, embora sua remuneração seja às vezes maior, com exceção das **super models**.

Veja quais as principais modalidades em inglês:

- **ADVERTISING MASCOTS/PEOPLE** > GAROTOS/GAROTAS PROPAGANDA
- **BODY DOUBLES** > DUBLÊS DE CORPO
- **COMMERCIAL PRINT MODELS** > MODELOS DE IMPRESSOS COMERCIAIS
- **CATALOG MODELS** > MODELOS DE CATÁLOGO

- **COSMETICS MODELS** > MODELOS DE COSMÉTICOS – os modelos são contratados por empresas como a L'Oreal, Revlon, Maybelline, Cover Girl. Clarins, Estée Lauder, Lancome etc.
- **GLAMOUR MODELS** > MODELOS DE GLAMOUR
- **FIT/GARMENT MODELS** > MODELOS PARA PROVA DE ROUPAS
- **FITNESS MODELS** > MODELOS FITNESS/ ESPORTIVOS
- **PARTS OF THE BODY MODELS** > MODELOS DE PARTES DO CORPO
- **TV/VIDEO COMMMERCIAL MODELS** > MODELOS DE COMERCIAIS DE TV/VÍDEO
- **BEAUTY MODELS** > MODELOS DE BELEZA
- **PARTS OF THE BODY DOUBLES** > DUBLÊS DE PARTES DO CORPO
- **COUNTERPARTS /LOOKALIKE** > SÓSIAS
- **EVENTS RECEPTIONISTS** > RECEPCIONISTAS DE EVENTOS

Nota: Um mesmo modelo, de acordo com sua fama num determinado momento, pode alternar trabalhos fashion com as diversas modalidades dos comerciais.

Modelos promovem roupas e outros produtos em:

- **ads/advertisments** > anúncios/propaganda na mídia
- **billboards** > outdoors
- **busdoors** > cartazes em ônibus
- **magazines** > revistas
- **newspapers** > jornais
- **online catalogs** > catálogos *on-line* (internet)

B. MODEL AGENCIES
AGÊNCIAS DE MODELOS

As agências de modelos são intermediárias entre os modelos e os clientes que trabalham para a indústria de moda.

1. MODELLING AGENCIES DIVISIONS
DIVISÕES DE AGÊNCIAS DE MODELOS

Embora você já saia do Brasil direcionada para uma determinada divisão de uma agência de modelos no exterior, cada agência tem suas divisões ou departamentos próprios, de acordo com o tipo de trabalho que oferece aos clientes. Conheça a seguir, em inglês, os diferentes tipos de divisões que uma agência pode oferecer no exterior:

- **actors division** > divisão de atores
- **art nude modeling division** > divisão/departamento de modelos de nu artístico
- **baby modeling division** > divisão/departamento de modelos de bebê
- **celebrity modeling division** > divisão/departamento de modelos célebres ou de celebridades
- **characters division** > divisão/departamento de personagens
- **children modeling division** > divisão/departamento de modelos infantis
- **doubles & counterparts division** > divisão de dublês e sósias
- **female modeling division** > divisão/departamento de modelos femininos
- **fit modelling agency division** > divisão/departamento de modelos de prova

- **fitness/sports modeling agency division**
  > divisão de modelos fitness e esportivos
- **glamour modeling division**
  > divisão/departamento modelos de glamour
- **lingerie modeling division**
  > divisão/departamento de modelos de lingerie
- **male modeling division**
  > divisão/departamento de modelos masculinos
- **mature modeling division**
  > divisão/departamento de modelos de idade madura
- **body parts agency division**
  > divisão/departamento de partes do corpo
- **petite size modeling division**
  > divisão/departamento de modelos para tamanhos pequenos para adultos
- **plus size modeling division**
  > divisão/departamento de tamanhos grandes
- **pré-teens modeling division**
  > divisão/departamento de pré-adolescentes
- **teenagers modeling division**
  > divisão/departamento de modelos de adolescentes
- **television/video modeling division**
  > divisão/departamento de modelos para filmes e vídeos
- **Tv & filming extras division**
  > divisão/departamento de figurantes para TV e filmagens
- **voice-over division** > divisão/departamento de voz em *off* (narrador/locutor de video/filme/TV)

2. MODELLING AGENCIES PROFESSIONALS
PROFISSIONAIS DAS AGÊNCIAS DE MODELO

É incrível a quantidade de pessoas que fazem parte de uma boa agência de modelos, o número varia de acordo com o tamanho da agência e os serviços que ela oferece.

Muitas palavras em inglês já são usadas mundialmente nessa área, mas vejamos o vocabulário essencial, relativo a esse tópico:

- **accountant** > financeiro
- **assistant manager** > assistente de gerente
- **booker** > *booker* – pessoa que marca entrevista com modelos
- **booker assistant** > assistente de *booker*
- **casting director** > diretor de seleção de modelos para apresentar aos clientes
- **casting agent** > agente de seleção de modelos
- **creative director** > pessoa encarregada de determinar o tipo de modelo necessário para um determinado evento
- **director** > diretor
- **headbooker** > quem coordena a equipe de *bookers*
- **fashion producer** > produtora de moda
- **international booker** > *booker* internacional
- **international department agent/manager** > gerente ou agente do departamento internacional
- **make up** > profissional encarregado da maquiagem para as fotos
- **hair stylist** > profissional do cabelo para as fotos
- **marketing manager** > gerente de marketing
- **new faces manager** > gerente de modelos *new faces*/principiantes
- **photographer** > fotógrafo
- **press release contact** > assessor de imprensa

- **psychologist** > psicólogo
- **public relations (PR)** > relações públicas
- **receptionist** > recepcionista
- **scouters** > *scouters* – pessoa encarregada de descobrir modelos

NOTA GRAMATICAL

ASKING ABOUT SOMEONE'S PROFESSION

PERGUNTANDO SOBRE A PROFISSÃO DE ALGUÉM

Quer saber qual é a profissão de uma pessoa em inglês?

Você pode usar uma das perguntas abaixo:

- **What's your job?** > Qual é o seu trabalho?
- **What's your profession?** > Qual é a sua profissão?
- **I'm a...** > Eu sou...

Exemplos:

- **What's your job?** > Qual é o seu trabalho?
- **I'm a commercial model.** > Eu sou modelo comercial.
- **What's her profession?** > Qual é a profissão dela?
- **She is a fashion designer.** > Ela é *designer* de moda.

11 DIÁLOGO PRÁTICO

A: Excuse me, sir.

B: Yes?

A: I'm new here. Who's that woman over there?

B: That is Mrs. Philips.

A: What's her job?

B: She's a cast agent. And the man beside her is her assistant.

A: Thank you very much.

B: You're welcome.

3. AGENCY MODELS SEARCHES
BUSCAS DE MODELOS PELAS AGÊNCIAS

Na busca para descobrir novos modelos, as agências usam certos métodos, alguns dos quais já têm seus nomes em inglês e que já são seus conhecidos. Não custa revê-los, não é mesmo?

- **beauty pageants** > concursos de beleza – Embora as características desses concursos sejam diferentes das características dos concursos de modelos, os *scouters* às vezes reconhecem alguém que ofereça possibilidades para a carreira.
- **model search** > busca de modelos – concursos de beleza realizados em diversas cidades na busca de novos modelos
- **modeling auditions** > apontamentos para modelos
- **modeling contests** > concursos de modelos – concursos anuais patrocinados pelas mais importantes agências internacionais como a Ford e a Elite, que oferecem prêmios valiosos e contratos para modelos
- **modeling conventions** > convenções/congressos de modelos

- **on line casting calls** > convocações pela internet para seleções de modelos
- **open casting calls** > as agências abrem suas portas para selecionar candidatos/as a modelo
- **scouts/scouters** > olheiros, agentes especializados à procura de modelos
- **TV reality shows** > *reality shows* na TV – ANTM America's Next Top Model, BNTM – Brazil's Next Top Model

Dentro de qualquer carreira, deve haver sempre uma vontade de melhorar o seu desempenho e ampliar suas chances de sucesso, concorda?

C. MODELS UPDATES
ATUALIZAÇÕES DE MODELOS

Se você tiver a oportunidade de complementar ou aperfeiçoar o que aprendeu em sua agência ou escola de modelos aqui no Brasil, há escolas de renome comprovado no exterior, que podem ajudar a adquirir mais autoconfiança pelos recursos que oferecem. Apresentamos aqui, em inglês, o vocabulário que você poderá precisar, se decidir fazer algum curso ou treinamento complementar.

1. EXTRA CLASSES
CURSOS EXTRAS

- **acting classes** > aulas de interpretação
- **ballet classes** > aulas de ballet
- **communication arts course** > curso de arte da comunicação
- **dance classes** > cursos de dança
- **etiquette and social success course** > curso de etiqueta e sucesso social

- **elegance & poise course** > curso de elegância e postura
- **fashion world course** > curso sobre o mundo da moda
- **make-up course** > curso de maquiagem
- **foreign idiom courses** > cursos de idiomas estrangeiros
- **hair care & styling course** > curso de cuidados com os cabelos e penteados
- **health & fitness course** > curso de saúde e boa forma física
- **jazz dance classes** > aulas de jazz
- **memorizing and interpretation techniques** > técnicas de memorização e interpretação
- **personal stylist course** > curso de estilista pessoal
- **personality development** > desenvolvimento da personalidade
- **photo posing techniques** > curso de fotogenia
- **portfolio preparation** > preparação do portfólio
- **public speaking skills classes** > aulas para falar em público
- **self confidence development course** > curso para desenvolver a autoconfiança
- **TV commercial workshop** > curso intensivo de comerciais para TV
- **wardrobe planning course** > curso de planejamento de guarda-roupa

2. FASHION TRENDS TENDÊNCIAS DA MODA

Não dá para ignorar o que está **on trend** ("rolando") nos vários setores do mundo da moda. Qualquer que seja o tipo de marketing de que vai participar como modelo, e o produto a divulgar, você precisa ter o que chamamos, em inglês, de **market awareness** (conhecimento do mercado). De que maneira? Veja algumas sugestões:

- **fashion events** > eventos de moda
- **fashion market** > mercado da moda
- **fashion industry** > indústria da moda
- **fashion trends/trendies** > tendências da moda
- **internet** > internet
- **media** > mídia
- **newspapers** > jornais
- **magazines** > revistas
- **workshops** > workshops – cursos intensivos oferecendo tópicos essenciais para a preparação ou desenvolvimento de candidatos e modelos

ASKING FOR INFORMATION PEDINDO INFORMAÇÕES

Há várias maneiras de pedir informações em inglês.
Veja algumas que são mais comuns:

1. **Could you tell me...?** > Poderia me dizer...?

Exemplo:

- **Could you tell me the date of the autumn/spring collection?**
  > Você poderia me dizer a data da coleção primavera/outono?

2. **Do you know...?** > Você sabe...?

Exemplo:

- **Do you know where the acting classes are?**
  > Você sabe onde são as aulas de interpretação?

3. **Do you happen to know...?** > Por acaso você sabe ...?

Exemplo:

- **Do you happen to know when is my audition?**
  > Por acaso você sabe quando é o meu apontamento?

4. **I'd like to know...** > Gostaria de saber…

Exemplo:

- **I'd like to know when is the modeling contest?**
  > Gostaria de saber quando é o concurso de modelos.

5. **I'm looking for** … > Estou procurando….

Exemplo:

- **I'm looking for the booker. Where can I find him?**
  > Estou procurando o *booker*. Onde posso encontrá-lo?

12 DIÁLOGO PRÁTICO

A: Excuse me, madam.

B: Yes? May I help you?

A: Could you tell me the date of the photo techniques workshop?

B: It's on October 8th.

A: Thank you very much. I'd like to know if the registration is still open.

B: Yes, it is. Do you want to enroll?

A: Yes, I do. Do you know where the classes are?

B: They are in the second floor.

A: Thank you again. Bye, bye.

D. INTERVIEWS
ENTREVISTAS

Ao se apresentar ao trabalho no exterior, geralmente alguém vai querer saber um pouco mais sobre você. Veja alguns exemplos de perguntas e respostas que podem ocorrer numa entrevista de trabalho:

- **Tell me about yourself.** > Fale-me sobre você.
- **I was born in...** > Eu nasci em...
- **How long have you been modeling?**
  > Há quanto tempo você é modelo?
- **I have been modeling for...**
  > Tenho trabalhado como modelo há...
- **Tell me a little about your modeling experience.**
  > Fale-me um pouco sobre a sua experiência como modelo.
- **I started with the ... agency** > Eu comecei na agência...
- **Then I went to**... > Então eu fui para...
- **What's your runway experience?**
  > Qual é a sua experiência em passarelas?
- **I gained a lot of experience with...**
  > Adquiri muita experiência com...
- **Which do you like doing better: print or runway?**
  > O que você prefere: impressos ou passarela?
- **Runway is more exciting, because it's live.**
  > As passarelas são mais excitantes, porque são ao vivo.
- **Why do you want to work here/for this agency?**
  > Por que você deseja trabalhar aqui/para essa agência?
- **Because it's an opportunity for professional development.**
  > Porque é uma oportunidade de crescimento profissional.
- **How would you describe your personality?**
  > Como você descreveria sua personalidade?
- **What do you like doing?** > O que você gosta de fazer?
- **I like.../enjoy.../love...** > Eu gosto de... /aprecio.../amo...

Também podem fazer parte de uma entrevista perguntas relativas às suas habilidades pessoais:

NOTA GRAMATICAL

ASKING ABOUT ABILITIES

INDAGANDO SOBRE CAPACITAÇÃO

O verbo auxiliar **can**, além de ser usado para pedir permissão, pode também indicar a habilidade para fazer alguma coisa. Veja alguns exemplos:

- **Can you dance?** > Você sabe dançar?
- **Yes, I can.** > Sim, eu sei. **Ou: No, I can't.** > Não, eu não sei.
- **Can you speak Spanish?** > Você sabe falar espanhol?
- **Yes, I can.** > Sim, eu sei. **Ou: No,I can't.** > Não, eu não sei.

Ou a pergunta pode ser feita com o auxiliar DO:

- **Do you speak English**? > Você fala inglês?
- **Yes, I do/a little.** > Sim, falo um pouco.

Expressão útil:

- **Do you speak English?** > Você fala inglês?
- **Enough to get by.** > O suficiente para sobreviver.

Quando precisar falar do que está fazendo atualmente, ou no momento em que fala, saiba como fazê-lo corretamente, usando o tempo certo do verbo que apresentamos a seguir:

NOTA GRAMATICAL

ACTIONS IN THE PRESENT AÇÕES NO MOMENTO ATUAL

Você viu anteriormente que o presente simples é usado para ações que acontecem no presente, com diferentes graus de frequência. Por outro lado, para indicar uma ação que está acontecendo no momento em que se fala, deve-se usar o presente contínuo. Veja alguns exemplos com o verbo **to wear** (usar/vestir).

Exemplos:

- **Lorena is wearing a trench coat now.**
  > Lorena está usando um trench coat agora.
- **They aren't wearing evening gowns**
  > Elas não estão usando vestidos de noite.

Conheça algumas expressões que indicam que a ação está acontecendo no momento atual:

- **now** > agora
- **right now** > agora
- **at present** > no presente
- **at the moment** > no momento
- **presently** > presentemente
- **nowadays** > atualmente

PRESENT SIMPLE OR CONTINUOUS?

PRESENTE SIMPLES OU CONTÍNUO?

Compare o uso do presente simples com o presente contínuo:

1. Para ações diárias ou habituais, use o presente simples.
   Exemplo:
   - **She wears jeans everyday.** > Ela usa jeans todo dia.
2. Para indicar uma ação que está acontecendo no momento em que se fala, use o presente contínuo.
   Exemplo:
   - **She is wearing a silk dress now.**
     > Ela está vestindo um vestido de seda agora.

OBS: Entenda melhor o uso do presente contínuo consultando o Segmento Gramatical, no capítulo 17.

13 DIÁLOGO PRÁTICO

A: I am Mark Hoyle. I'm the agency's casting director.

B: Nice to meet you, Mark.

A: Tell me a little about your abilities. Can you dance?

B: Yes, I am taking some jazz dancing classes now.

A: Good. What about your runway experience?

B: I had some important experiences in Brazil.

A: How would you describe your personality?

B: I am energetic, reliable and hard working.

A: Thank you. I will contact you later on.

CAPÍTULO 8

PHOTO SHOOTING/FILMING
SESSÕES DE FOTOS/FILMAGENS

A. PHOTO VOCABULARY
VOCABULÁRIO DE FOTOS

Se você está se preparando para ir para o exterior, através de uma agência ou agente de sua absoluta confiança, já deve estar bem ciente de que as fotos de um modelo equivalem a um cartão de visitas. *Book* e *composite* prontos? Ótimo! Mas prepare-se para enfrentar os fotógrafos de outros países, cada um com uma personalidade, ego e características próprias.

Para que você tenha um relacionamento baseado em confiança mútua com o seu fotógrafo é importante aprender em inglês tudo o que se refere a uma sessão de fotos ou filmagens.

- **model release** > contrato pelo qual o/a modelo dá autorização para uso de fotos, de acordo com as especificações do cliente.
- **photographer portfolio** > portfólio de fotógrafo
- **photographer reference** > referência do fotógrafo
- **photographer release** > autorização para uso de imagem
- **photographer's rates** > preço cobrado pelo fotógrafo
- **photographer's scam** > fraude/trapaça de fotógrafo

- **prints for time (PFT)** > acordo feito entre modelo e fotógrafo, pelo qual os mesmos trabalham sem ônus para as partes, resultando em fotos que poderão ser usadas por ambos.
- **voucher** > documento em três vias apresentado pelos modelos, pelo qual a agência notifica o cliente das horas trabalhadas pelos mesmos, juntamente com o cachê.

1. TYPES OF PHOTOS
TIPOS DE FOTOS

Basicamente podemos dividir as fotografias em quatro tipos básicos:

- **Black-and-white photography** > fotografia em preto e branco
- **Color photography** > fotografia colorida
- **Full-spectrum, ultraviolet and infrared photography** > fotografia de espectro total, ultravioleta e infravermelho
- **Digital photography** > fotografia digital

2. PHOTOS AND PUBLISHING ITENS
FOTOS E ITENS PUBLICITÁRIOS

A quantidade e o tipo de fotos ou filmes vai depender do ramo da moda ou publicidade a que se destinam, daí a grande variedade existente. Vamos aprender ou relembrar tudo o que está relacionado com elas?

- **audiovisual** > apresentação de slides e fitas pré-gravadas para fins publicitários.
- **beauty shots/head shots/face close-up** > close-up de parte ou de todo o rosto (foto 8x10 polegadas = 20x25 centímetros), destinando-se geralmente à propaganda de cosméticos e maquiagem.
- **black and white photo** > retrato em branco e preto.
- **blowup** > ampliação de foto.

- **body front/side photo** > foto de corpo inteiro, frente e perfil, só para modelos de passarela.
- **book/portfolio** > *book*/portfólio – pasta ou álbum contendo as melhores fotos e trabalhos publicados de um modelo, essencial para qualquer pessoa que tenha pretensão de entrar para o mercado da moda.
- **composite/comp card/z card/set card** > *composite* – página que tem normalmente três a cinco das melhores fotos e medidas do modelo. Pode ser considerado um "cartão de visita" que circula entre agências, produtores, clientes, chegando a ser mais importante que o *book* em virtude de sua praticidade.
- **contact sheet/proofs** > impressão de fotos feita a partir de negativos.
- **cover** > capa de revista.
- **chrome** > cromo – fotografia colorida, usada para reprodução em revista e jornais em cores.
- **digital photos in the JPG format** > fotos digitais no formato JPG.
- **full length shot/photo/body shot** > foto de corpo inteiro.
- **headshot** > fotos da cabeça e ombros.
- **headsheet** > fotos do rosto – para *books*, pôsteres que as agências de modelos enviam para prováveis clientes, fotografia impressa em revista, catálogo ou jornal.
- **magazine pages spread** > páginas em destaque de uma revista, com fotos de modelos ou publicidade importante.
- **photos background** > background/cenário de fotos.
- **photo shoot** > sessão de fotos, individual ou em grupos.
- **photographic essay** > ensaio fotográfico – conjunto de fotos, feitas com objetivo artístico por um fotógrafo e um ou mais modelos.
- **printwork** > impresso – fotografias tiradas para todo tipo de propaganda impressa.

- **portfolio** > também chamado *book*, esse termo é mais usado por fotógrafos e artistas
- **sed card/zed card** > fotos do tamanho de cartões postais são bastante comuns atualmente. Um lado contém uma foto do rosto, o outro lado apresenta diversas fotos menores com dados sobre o/a modelo.
- **shoot** > sessão de fotos.
- **shot** > fotografia/plano – as imagens de um cenário, pessoa ou objeto podem ser gravadas em distâncias diferentes e de maneiras diversas – a isso chamamos de planos.
- **take** > tomada de cena – gravação completa de uma cena.
- **tear sheet** > página contendo o retrato de um modelo, retirada de uma publicação, geralmente revista ou catálogo e costuma fazer parte do *book*.
- **test shoot** > modelo e fotógrafos trabalham juntos para um portfólio ou sobre uma nova ideia, dividindo os custos.
- **TFP – Time for Prints** > semelhante aos test shoot, sendo geralmente oferecido por fotógrafos partindo para uma nova área de trabalho ou criando o seu próprio portfólio.
- **transparencies** > fotografia em slides.

B. PROFESSIONALS IN ADVERTISING PROFISSIONAIS NA PUBLICIDADE

Quais são os profissionais que atuam nessa área tão importante que é a apresentação na mídia, dos eventos, campanhas publicitárias e publicações da moda internacional?

Desde a criação até a realização de um objetivo nessa área, muitas pessoas são envolvidas, alguns atuando tanto em estúdios fotográficos como em locações externas.

Veja os principais profissionais em inglês:

- **art director/producer** > diretor/produtor de arte
- **art assistant** > assistente de arte – profissional que trabalha diretamente para o diretor de arte.
- **assistant photographer** > assistente de fotógrafo
- **budget manager** > financeiro
- **casting producer** > produtor de *casting*
- **creative consulting** > consultor de criação – a pessoa que planeja uma campanha publicitária
- **creative director** > diretor de criação – responsável pelas campanhas de publicidade de uma agência, desde o conceito até a produção
- **digital imaging technician** > técnico de imagem digital
- **director** > diretor
- **director assistant** > assistente de direção
- **fashion producer** > produtor de moda
- **freelance photographer** > fotógrafo free-lance
- **fashion editor** > editor/a de moda
- **fashion photography instructor** > instrutor de fotografia de moda
- **producer** > produtor
- **production assistants** > assistentes de produção
- **photographer** > fotógrafo
- **photo editor** > editor de fotos
- **photo techs** > técnicos em fotografia
- **professional studio photography team** > equipe do estúdio de fotografia profissional

C. PHOTOGRAPHIC STUDIOS AND PHOTO SHOOTING LOCATIONS
ESTÚDIOS FOTOGRÁFICOS E LOCAÇÕES DE FOTOS

Uma sessão de fotos para as diferentes finalidades vistas anteriormente pode acontecer em diferentes **locations** (locações):

1. **IN-HOUSE STUDIO** > estúdio interior, abrev.: INT
2. **OUTDOOR LOCATIONS** > locações exteriores, abrev.: EXTE

O seguinte vocabulário, em inglês, pode ser usado tanto para fotos e filmagens internas (estúdios) como em locações externas.

1. STUDIOS AND EQUIPMENT
ESTÚDIOS E EQUIPAMENTO

- **background/backdrop** > cenário de fundo – tudo o que serve de cenário de fundo para uma sessão de fotos ou filmagem.
- **cove/cyc studio** > abreviação para **cyclone studio**, estúdio circular, sem cantos, com fundos embutidos.
- **back light** > foco de luz auxiliar situado atrás do modelo, para ajudar a definir contornos
- **daylight studio** > estúdio fotográfico iluminado por luz natural, através de janelas.
- **camera** > câmera
- **clapboard slate** > claquete – para determinar seu nome antes de uma audição comercial e sinalizar o número da cena numa filmagem e seu título.
- **costumes** > fantasias

- **cuecard/prompt** > um cartaz grande com palavras ou frases de um diálogo para ajudar alguém a lembrar frases ou palavras durante uma filmagem ou gravação, sem que o espectador ou a audiência percebam.
- **lenses** > lentes
- **dish light** > disco de luz – disco de um metro com tubo de flash
- **fashion photo studio** > estúdio de fotografia de moda
- **photo shoot umbrellas** > sombrinhas para fotografia
- **prop** > qualquer objeto que um modelo ou ator usa no set
- **reflectors** > refletores
- **scrim** > rebatedor de luz
- **spots** > spots – refletores que projetam a luz num determinado ponto
- **storyboard** > trabalho artístico que mostra cada cena de um comercial para orientar a equipe durante a filmagem
- **strobe** > luz estroboscópica.
- **teleprompter** > tela de TV que mostra as falas a serem ditas durante a gravação de um comercial
- **voiceover** > locução em off – gravação de vozes ou vídeo, feita separadamente em estúdio para servir de fundo para algum trabalho de filmagem
- **set** > set – local de fotos ou filmagens

2. OUTDOORS LOCATIONS PROFESSIONALS & SERVICES PROFISSIONAIS E SERVIÇOS DE LOCAÇÃO EXTERIOR

Quando se trata de locações externas, tanto para fotos como para filmes com diferentes finalidades, há toda uma equipe envolvida, sendo inclusive chamada de **mobile factory** (fábrica móvel), pois de acordo com o tipo de trabalho se tornam verdadeiros sets de filmagem. Além dos já mencionados acima, conheça o nome em inglês, dos principais profissionais e serviços relativos à locação externa.

a. PROFESSIONALS
PROFISSIONAIS

- **construction crew** > equipe de construção do cenário
- **costumer designer** > figurinista – pessoa responsável pelas roupas usadas pelos modelos ou atores em fotos e filmagens
- **film crew** > equipe de filmagem
- **film location scout** > pesquisador de locação para filmagem
- **gaffer** > gaffer – pessoa que coordena a equipe de iluminação e eletricidade, subordinada ao diretor de fotografia.
- **grip** > USA é a pessoa responsável pela instalação, ajustes e manutenção de todo o equipamento do set
- **hair stylist** > hair stylist – cabeleireiro
- **lighting technicians** > técnicos da iluminação
- **location manager** > gerente de locação
- **location planners** > planejadores de locação
- **make-up artist** > maquiador/a
- **production director** > diretor de produção
- **prop and set designer** > cenotécnico – encarregado de executar os projetos criados pelo cenógrafo, providenciando inclusive os objetos de cena a serem usados num set
- **photographer** > fotógrafo
- **scene painters** > pintores de cenário
- **set builder** > cenógrafo
- **special effects technician** > técnico de efeitos especiais
- **tailor/seamstress** > alfaiate/costureira

- **wardrobe assistants** > assistentes de figurinista
- **worldwide location scouting** > styling – pesquisador internacional de locações

b. SERVICES
SERVIÇOS

- **canteen/catering truck & dining** > cantina/carro com provedores de alimentos
- **catering services company** > empresa que fornece tudo o que se refere à alimentação
- **extern** > exterior/abr: EXT – lugar fora do estúdio onde será feita a fotografia ou filmagem
- **set** > espaço reservado para a realização de fotos e filmagens.
- **toilets – so called "honey-wagons"** > toalete/sanitários móveis num set de filmagem
- **transportation services** > serviços de transporte

3. THE WEATHER
O TEMPO

Tempo é um fator de suma importância para a realização de filmes ou fotos numa locação.

De acordo com o tema das fotos ou das filmagens a serem realizadas, são criadas pelos cenógrafos condições artificiais de tempo.

Por esse motivo, vamos aprender os seus principais elementos, que são:

- **cloud** > nuvem
- **rain** > chuva
- **snow** > neve

- **sun** > sol
- **wind** > vento

Exemplos:

- **The sun is very hot here.** > O sol é muito quente aqui.
- **The wind is blowing hard.** > O vento está soprando forte.

Alguns dos adjetivos relativos às condições do tempo são formados com base nos elementos mencionados acima. Vejamos os mais conhecidos:

- **drizzly** > garoento
- **cloudy** > nublado
- **snowy** > nevoso
- **sunny** > ensolarado
- **rainy** > chuvoso
- **windy** > ventoso

Exemplos:

- **It's sunny today.** > Está ensolarado hoje.
- **The day is rainy.** > O dia está chuvoso.

4. TEMPERATURES
TEMPERATURAS

A profissão de modelo exige que você se exponha às mais diferentes temperaturas. Em alguns países da Europa e, principalmente nos EUA, a temperatura é sempre apresentada em graus Fahrenheit; no Brasil, em graus Celsius.

Para transformar a temperatura, de Fahrenheit (°F) para Celsius (°C), basta fazer o seguinte cálculo:

Temperatura em °C = Temperatura em °F

Subtrair **32** ... Multiplicar por **5** ...e dividir por **9**

Veja um exemplo:

1. **85°F** – 32 =53
2. 53 X 5 = 265
3. 265 : 9 = **29.4°C**

Algumas referências para servir de ajuda:

°F (Fahrenheit)	**0°**	**20°**	**30°**	**40°**
°C (Celsius)	**20°**	**40°**	**60°**	**80°**

D. MODELS PHOTO SHOOTING
TIRANDO FOTOS DE MODELOS

Você já deve ter participado de várias sessões de fotos, depois de haver treinado por horas a fio as expressões faciais diante de um espelho. Mas agora vai enfrentar as feras da fotografia internacional e, é claro, eles vão lhe pedir uma infinidade de expressões, dependendo do produto que sua imagem pretende vender.

1. FACIAL EXPRESSIONS
EXPRESSÕES FACIAIS

Lembra-se dos adjetivos? Aqui também eles aparecem para você entender o que os fotógrafos vão lhe pedir em inglês para definir o seu **mood** (humor) ou a expressão que esperam de você para a realização de um trabalho:

- **ackward** > desajeitado/a
- **agressiva** > agressivo/a
- **angry** > zangado/a
- **anxious** > ansioso/a

- **bored** > entediado/a
- **charming** > encantador/a
- **confident** > confiante
- **contemptuous** > desdenhoso/a
- **daring** > ousado/a
- **disgusted** > aborrecido/a
- **distressed** > aflito/a
- **envious** > invejoso/a
- **fearful** > medroso/a
- **frustrated** > frustrado/a
- **glad** > alegre
- **glamourous** > glamorosa
- **graceful** > gracioso/a
- **jealous** > ciumento/a
- **happy** > feliz
- **optimistic** > otimista
- **relaxed** > descontraído/a
- **sad** > triste
- **sexy** > sexy
- **self confident** > autoconfiante
- **soft** > suave
- **surprised** > surpreso/a
- **worried** > preocupado/a

NOTA GRAMATICAL

COMMANDS AND REQUESTS COMANDOS E SOLICITAÇÕES

Quando alguém lhe pede para fazer alguma coisa, poderá fazê-lo de diferentes maneiras:

a. A COMMAND
UM COMANDO/ORDEM

É uma sentença que simplesmente manda alguém fazer alguma coisa e o grau de polidez depende do tom de voz de quem ordena.

Exemplo:

- **Go to the runway!** > Vá para a passarela!

b. A REQUEST
UMA SOLICITAÇÃO

É uma forma mais educada de pedir que se faça alguma coisa.

Exemplo:

- **Please try to look more confident.**
  > Por favor, tente parecer mais confiante.

c. AN EXCLAMATION
UMA EXCLAMAÇÃO

Geralmente é uma frase que serve para expressar uma advertência. Acaba geralmente com uma exclamação.

Exemplo:

- **Watch out!** > Cuidado!

2. PHOTO SHOOTING/FILMING REQUESTS SOLICITAÇÕES/PEDIDOS PARA SESSÕES DE FOTOS/FILMAGENS

Vamos ser sinceros! O mais difícil no começo de seus **photo shootings** (sessões de fotos) vai ser entender os comandos que vão lhe ser dados, em inglês, com os mais diferentes sotaques. Procuramos introduzir alguns que parecem ser mais comuns.

- **Smile!** > Sorria!
- **Look at...** > Olhe para...
- **Close!** > um close – foto de perto
- **Profile** > perfil
- **Be at easy.** > Fique à vontade.
- **Be comfortable** > Sinta-se confortável.
- **Loosen up!** > Relaxe!
- **Turn right/left/back/around** > Vire à direita/esquerda/para trás/gire.
- **Can I have a different facial expression?**
  > Posso ter uma expressão facial diferente?
- **Switch your hip neck to the camera**
  > Vire o quadril/pescoço para a câmera.
- **Put your head/chin down a bit.**
  > Abaixe um pouco a cabeça/o queixo.
- **Put your arms/legs up a bit.**
  > Levante os braços/pernas um pouco.
- **We have to push ten more frames**
  > Temos que tirar mais dez fotos.
- **I need more expression in your eyes/mouth.**
  > Preciso de mais expressão nos seus olhos/na sua boca.
- **Put your hands in your back/head.**
  > Ponha as mãos atrás/na cabeça.

- **Take off shirt/shoes** > Tire a camisa/sapatos.
- **Try to be more graceful/agressive.**
  > Tente ser mais graciosa/o / agressivo/a.
- **Straighten your legs.** > Endireite as pernas.
- **Keep changing position.** > Continue mudando de posição.
- **Keep moving your hands.** > Continue movimentando as mãos.
- **Make a pretty, soft, warm, receptive face.**
  > Faça uma expressão bonita, suave, receptiva.
- **Move your arms the same way.**
  > Mexa seus braços da mesma maneira.
- **To be done.** > Para encerrar.
- **We are done!** > Terminamos!
- **Well done!** > Muito bem!
- **It's a wrap!** > Encerramos!

Quando se deseja indicar uma ação que acontece no futuro, é importante conhecer as duas formas principais de expressar esse tempo verbal em inglês.

NOTA GRAMATICAL

ACTIONS IN THE FUTURE AÇÕES NO FUTURO

a. DECISIONS AND PROMISES DECISÕES E PROMESSAS

Para indicar uma resolução tomada no momento em que você fala, ou uma promessa de fazer alguma coisa no futuro, a palavra **will** deverá ser usada antes do verbo principal. Veja exemplos do verbo **to bring** (trazer) nas formas afirmativa, negativa e interrogativa. A conjugação completa poderá ser encontrada no capítulo17.

Exemplo:

- **I will bring my composite tomorrow, madam.**
  > Trarei meu *composite* amanhã, senhora.

Para negar alguma coisa no futuro, você poderá empregar **will not** (ou a forma abreviada **won't**, que é mais usada na conversação).

Exemplo:

- **He won't bring the photos next week.**
  > Ele não trará as fotos na semana que vem.

Nas perguntas, o auxiliar **will** sempre vem antes do verbo. Exemplo:

- **Will you bring the receipt?** > Vocês trarão o recibo?

Expressões que indicam ações no futuro:

- **tomorrow** > amanhã
- **the day after tomorrow** > depois de amanhã
- **next week** > semana que vem
- **next month** > mês que vem
- **next year** > ano que vem
- **in a few moments** > dentro de alguns momentos
- **in a few minutes** > dentro de alguns minutos
- **in a few days** > dentro de alguns dias

b. FUTURE PLANS
PLANOS FUTUROS

Existe outra maneira de indicar que uma ação acontecerá no futuro, especialmente quando tal ação foi planejada anteriormente. Nesse caso, você deverá expressar o futuro da seguinte maneira:

verbo **to be** + **going to** + verbo principal

Exemplos:

- **We are going to stay in Tóquio for two weeks.**
  > Nós vamos ficar em Tóquio por duas semanas.
- **I am going to work tonight.** > Eu vou trabalhar hoje à noite.

Nas frases negativas, coloca-se **not** depois do verbo **to be**.

Exemplos:

- **We are not going to leave for NewYork tomorrow night.**
  > Nós não vamos partir para Nova York amanhã à noite.
- **They are not going to the fashion show next month.**
  > Elas não irão ao desfile de modas no mês que vem.

Nas perguntas, o verbo **to be** é colocado no início da oração.

Exemplos:

- **Are you going to leave next Sunday?**
  > Você vai partir no domingo que vem?
- **Are the stylists going to arrive tomorrow morning?**
  > Os estilistas vão chegar amanhã de manhã?

14 DIÁLOGO PRÁTICO

A: Good afternoon. I'm the new Brazilian model.

B: What's your name, please?

A: I'm Lorena Cardoso.

B: Oh I see. Here are your documents.
But your resumé is still missing.

A: I'm sorry to hear it. I'll bring it tomorrow.

B: When are you leaving for Taiwan?

A: I am leaving next week.

CAPÍTULO 9

PREPARING FOR THE RUNWAY
PREPARANDO-SE PARA A PASSARELA

A. THE RUNWAY/CATWALK
DESFILES DE MODA

De todas as categorias de modelos, a dos profissionais que desfilam nas passarelas é a mais glamorosa, excitante e muitas vezes é muito bem remunerada, mas também a mais competitiva, porque pode transformar modelos em **top models**. Alguns desses modelos têm contratos exclusivos com *designers* ou fabricantes de cosméticos, perfumes etc. Eles podem ser vistos também, em **print work**, ou seja, qualquer tipo de foto impressa em anúncios, catálogos, jornais e revistas especializadas.

Você também vai concordar que, na indústria da moda, os desfiles ocupam um lugar de muito destaque, pois indicam com antecedência os rumos da moda nas estações que estão para chegar, seja nas roupas, nos calçados, acessórios, cabelos ou maquiagem. A sua meta é desfilar no exterior?

Veja então, quais são atualmente, os principais locais onde os **fashion shows** acontecem no mundo:

I. INTERNATIONAL RUNWAYS VENUES
LOCAIS DOS DESFILES INTERNACIONAIS

- **Asia Style Fashion Show**
- **Bread& Butter Barcelona Fashion Shows**
- **China Fashion Week**
- **Dubai Fashion Week**
- **Fashion Rio**
- **Helsinki International Fashion Fair**
- **Hong Kong Fashion Week**
- **Istambul Fashion Week**
- **Japan Fashion Week**
- **Lakme India Fashion Week**
- **London Fashion Week**
- **Mercedes Australian Fashion Week**
- **Miami Fashion Week**
- **Milan Fashion Week**
- **New York Fashion Week**
- **Paris Fashion Week**
- **Pasarela Cibeles – Espanha**
- **Pasarela Circuit – Espanha**
- **Pasarela Gaudí – Espanha**
- **Ready to wear Canada**
- **Rosemount Australian Fashion Week**
- **SPFW – São Paulo Fashion Week**
- **Singapore Fashion Week**
- **Victoria's Secret Fashion Show**

2. KINDS OF RUNWAYS SHOWS
TIPOS DE DESFILES

Você já deve ter visto os vários tipos de desfile que são divulgados pela mídia e que podem ser reconhecidos como sendo de **haute-couture/high fashion**, **ready-to wear/prêt à porter** e coleções de confecção e incluem geralmente os seguintes itens:

- **accessories** > acessórios
- **beach wear** > moda praia
- **boy's wear** > roupas para meninos
- **bridal wear** > trajes para noivas
- **fashion shows without runways** > desfiles sem passarela em restaurantes, fábricas, showrooms, piers, lugares públicos
- **footwear** > calçados
- **girl's wear** > roupas para meninas
- **knitwear** > malharia
- **men's day wear** > roupas casuais masculinas
- **men's evening wear** > roupas masculinas de festa
- **sportswear** > roupas esportivas
- **outwear** > agasalhos
- **teenagers wear** > roupas para adolescentes
- **trunk show** > *trunk show* – apresentação informal do produto de um *designer*, normalmente em uma loja ou pequena butique.
- **women's day wear** > roupas casuais femininas
- **women's evening wear** > roupas femininas de festa
- **women's lingerie** > lingerie feminina

A comparação é um elemento bastante comum no mundo fashion. Aprenda como fazê-la corretamente, em inglês.

NOTA GRAMATICAL

COMPARING THINGS COMPARANDO COISAS

a. COMPARATIVES
COMPARATIVOS

Para comparar pessoas e coisas usamos também os adjetivos, mas veja agora como formar o comparativo e o superlativo em inglês. De modo geral, para adjetivos curtos, com uma ou duas sílabas, acrescenta-se **er** ao adjetivo, mais a palavra **than** (que/do que).

Exemplo:

- **This runway is longer than the last one.**
  > Essa passarela é mais comprida do que a última.

Para adjetivos longos, com três ou mais sílabas, usa-se **more** antes do adjetivo e coloca-se depois dele a palavra **than** (que/do que).

Exemplo:

- **The male model looks more confident than the girl.**
  > O modelo masculino parece mais confiante do que a garota.

Para adjetivos monossílabos e dissílabos que terminam em **y**, troca -se o y por **ier.**

Exemplo:

- **The new models look sexier than de last ones.**
  > As novas modelos parecem mais sexies do que as anteriores.

b. IRREGULAR ADJECTIVES
ADJETIVOS IRREGULARES

Alguns adjetivos modificam-se quando formam o comparativo:

- **good** > bom
  - **better than** > melhor que/do que
- **bad** > mau
  - **worse than** > pior que/do que

Exemplo:

- **The composite is better than the videobook.**
  > O *composite* é melhor que o *videobook*.

c. SUPERLATIVES
SUPERLATIVOS

Quando quiser dizer que uma coisa é "o máximo", você precisará usar o superlativo.

Em geral, para adjetivos curtos, com no máximo duas sílabas, anteponha **the** e acrescente **est** ao adjetivo:

- **thin** – **the thinnest** > o mais fino/a, magro/a
- **small** – **the smallest** > o/a menor

Para adjetivos longos, com três ou mais sílabas, deve-se antepor **the most**:

- **beautiful** – **the most beautiful** > o mais bonito
- **expensive** – **the most expensive** > o mais caro

Quando o adjetivo é monossílabo ou dissílabo e termina em **y**, mude a terminação para **iest**:

- **sexy** – **the sexiest** > o/a mais sexy
- **ugly** – **the ugliest** > o/a mais feio

Exceções: **good** e **bad** também mudam no superlativo.

- **good** – **the best** > o/a melhor

- **bad – the worst** > o/a pior

Exemplos:

- **This is the best/worst casting director we have.**
  > Este é o melhor/pior diretor de *casting* que temos.

B. FASHION SHOW SERVICES
SERVIÇOS DE DESFILES

Você já parou para pensar quantas pessoas e objetos são necessários para que um desfile de modas aconteça? Há exigências básicas de empresas de eventos, envolvendo profissionais e objetos, que variam de acordo com o nível da apresentação. Os principais serviços oferecidos pelas empresas são em inglês:

1. SERVICES OFFERED BY COMPANIES
SERVIÇOS OFERECIDOS POR EMPRESAS

- **advertising and publishing services**
  > serviços de publicidade e propaganda
- **audio/video services** > serviços de áudio/vídeo
- **budget management** > gerenciamento de orçamento
- **catering** > fornecedor de alimentos
- **fashion merchandising/accessorizing**
  > assessoria de merchandising de moda
- **lighting** > iluminação
- **music selection** > seleção de músicas
- **press release** > texto jornalístico sobre o desfile, os estilistas, modelos, *looks*
- **runway services** > serviços de desfiles
- **show entertainment** > animação do show

- **sound/music system** > sistema de som e música
- **stage presentations** > apresentações em palco/passarela
- **staging/lighting design** > projeto de palco e iluminação
- **styling** > a imagem da moda
- **stylist** > profissional que dá o tom certo ao desfile, que cuida da marca ou produção de moda
- **technical requirements** > exigências técnicas
- **TV/video promotion services** > serviços de promoção em TV e vídeo

E para vocês modelos, com o que podem contar para um desfile?

2. RUNWAY MODEL'S NECESSITIES
NECESSIDADES DE PASSARELA PARA MODELOS

- **casting agency** > agência selecionadora de modelos para um desfile
- **choreography** > coreografia
- **dance choreography** > coreografia de dança
- **group modeling** > contratação para apresentação de modelos em grupo
- **make-up & hair stylist** > maquiagem e cabeleireiro
- **large runway show performance** > apresentação em grandes desfiles
- **model booking** > contratação de modelos
- **small runway show performance** > apresentação em pequenos desfiles
- **stylists collections** > coleções dos estilistas

C. RUNWAY/STAGE
PALCO/PASSARELA

A passarela de um desfile é muito mais do que apenas o espaço por onde caminham as modelos. Assim como a luz e a trilha sonora, ela serve para expor ao público o clima e o ambiente imaginado pelo estilista para apresentar a sua coleção. É, assim como as roupas, uma imagem que deve ser bem elaborada e causar impacto.

Alguns criadores optam por uma passarela simples, preta ou branca, mas há quem prefira cenários que reforcem a imagem proposta para a coleção. Atualmente os mais inesperados lugares podem ser usados para servir de cenário: shoppings, ruas, estádios esportivos, parques etc.

Um cenário é bom quando o desfile é bem visto, tanto por cinegrafistas e fotógrafos, quanto pelo público presente na sala.

Conheça os nomes, em inglês, dos principais formatos de passarela:

1. MAIN RUNWAYS SHAPES
PRINCIPAIS FORMATOS DE PASSARELAS

- **rectangular runway** > passarela retangular
- **T-Shaped Runway** > passarela em forma de T
- **Y-Shaped Runway** > passarela em forma de Y
- **T and Y variations runaway** > passarela com variações de T e Y
- **X or cross runway** > passarela em forma de X ou cruz

D. A MODEL'S WALK/STANCES
O ANDAR DE UM MODELO/*STANCES*

Você já deve ter aprendido que na passarela o seu andar deve ser atraente e que o que deve ser sempre ressaltado é o produto que os estilistas querem vender, isto é, as roupas e acessórios. Alguns modelos recebem lições para isso, outros já têm seu estilo próprio e inato.

A definição em moda de **catwalk** (andar de gato) é o andar em que os modelos a cada passo colocam uma perna diretamente diante da outra. Para acentuar o movimento dos quadris as modelos levam esse passo mais adiante e cruzam uma perna de fronte da outra. O objetivo principal é dar destaque às roupas, deixando os modelos praticamente invisíveis. Os braços devem oferecer poucos movimentos, bem harmoniosos e os pés pisando firmes sem se elevarem muito do piso. Algumas vezes são exigidos passos de dança durante o desfile.

É importante notar que cada estilista tem sua preferência para o **catwalk** de seus modelos, dependendo muito do tipo de roupa que está sendo exibido.

Modelos de passarela que vão para o exterior devem ter experiência para desfilar e conhecer os principais termos, em inglês, relacionados aos giros, passos e poses:

- **a quarter turn/pivot** > um quarto de giro/volta/pivô
- **stationary half-turn/pivot** > meia volta parada/pivô
- **a walking half turn/pivot** > meia volta andando/pivô
- **a three-quarter turn** > três quartos de volta
- **a full turn** > giro/volta completa
- **one-and-a-half turn** > um giro e meio
- **two half pivots** > dois meios giros/pivô

- **a mannequin turn** > giro de manequim
- **a carousel turn** > giro de carrossel
- **an European turn** > giro europeu
- **a sport turn** > giro esportivo
- **three seconds stop** > parada de três segundos
- **turn bridal** > giro de noiva
- **hand gestures** > gestos com as mãos
- **removing a garment on the runway** > tirar uma peça de roupa na passarela
- **runway routine** > rotina de passarela

No capítulo anterior você aprendeu sobre comandos e solicitações. Eles também acontecem quando você tiver que treinar na passarela.

Veja alguns exemplos:

- **Ascend the stairs.** > Suba as escadas.
- **Descend the stairs.** > Desça as escadas.
- **Dance along the runway.** > Dance ao longo da passarela.
- **Remove/Take off a piece of garment.** > Tire uma peça de roupa.
- **Make hand gestures.** > Faça gestos/movimente as mãos.
- **Walk to the middle of the ramp and do an easy European turn.** > Caminhe até o meio da passarela e faça um giro europeu.
- **Walk down to the end, and do a smooth carousel turn or a triple three-quarter half turn.** > Caminhe até o fim e faça um suave giro carrossel ou um tríplice meio giro de três quartos.
- **Walk just past the center, do a half turn.** > Apenas caminhe até o meio e faça uma meia volta.
- **Remember the three seconds stop at the end of the runway.** > Lembre-se da parada de três segundos no final da passarela.

- **Walk down to the stair at the end of the ramp, do a smooth European Turn and go off.** > Caminhe até a escada no fim da passarela, faça um giro europeu e saia.

E. RUNWAY/CATWALK PROFESSIONALS PROFISSIONAIS DE DESFILES

Os profissionais dos desfiles podem atuar em duas áreas: **stage** (palco/passarela) e **backstage** (bastidores) havendo, às vezes, uma superposição de tarefas.

1. STAGE PROFESSIONALS PROFISSIONAIS DE PALCO/PASSARELA

- **art director** > diretor artístico
- **audio supervisor** > supervisor de áudio
- **booker** > *booker* – pessoa que marca entrevista com modelos
- **commentator** > apresentador/mestre de cerimônias
- **creative director** > diretor de criação – pessoa que dirige, cria, acompanha e administra a produção completa de publicidade de moda desde o conceito, a criação, a estética até a fotografia
- **designer/stylist** > criador da coleção de moda
- **DJ** > DJ – prepara a trilha sonora do desfile com a aprovação do estilista
- **fashion editors** > editores de moda
- **fashion producer** > produtor de moda
- **lighting designer/technician** > *designer*/técnico de iluminação
- **master of cerimony (MC)** > mestre de cerimônias
- **models** > modelos

- **photographers** > fotógrafos
- **PR and communications supervisor** > supervisor de RH e comunicações
- **press agents** > agentes de imprensa
- **principal** > modelo que se apresenta em primeiro lugar em um desfile
- **choreographer** > coreógrafo
- **fashion show director** > diretor do desfile
- **runway coach/instructor** > instrutor de passarela
- **runway show producer** > produtor do desfile
- **runway show organizer** > organizador de desfile de moda
- **runway show stylists** > estilistas do desfile
- **set designer** > cenógrafo
- **show general director** > diretor geral do show/desfile
- **stage moms** > familiares ou pessoas encarregadas das necessidades de cada modelo
- **stylist** > profissional que define a imagem de um desfile
- **TV and Media crew** > equipe de TV e mídia

2. BACKSTAGE PROFESSIONALS AND VOCABULARY
PROFISSIONAIS DE BASTIDORES E VOVOCABULÁRIO

O **backstage coordinator** (coordenador de bastidores) é o profissional que chefia a organização dos bastidores, cuida das peças e acessórios e coordena os seguintes itens:

- **beauty/make-up artists** > maquiador/a /artista de *make-up*

- **chambermaid** > camareira – profissional responsável pelas roupas desfiladas, acompanha as provas
- **designers order** > a ordem de apresentação dos estilistas
- **dressers** > ajudam os modelos a trocar de roupas
- **fashion producer** > produtor de moda
- **fittings** > provas de roupas
- **hair stylist** > *hairstylist* – cabeleireiro
- **hair stylist assistants** > assistentes de *hairstylists*/cabeleireiro
- **hair and makeup teams** > equipes de make-up e cabeleireiros
- **line-up** > no exterior: fila/posição dos modelos ou das roupas em um *fashion show*
- **line-up** > no Brasil: calendário de eventos de moda
- **make-up assistants** > assistentes de maquiadores
- **models/walking order** > ordem de entrada dos modelos
- **rehersal** > o ensaio
- **stylists** > estilistas

3. BACKSTAGE ENVIRONMENT/OBJECTS AMBIENTE DOS BASTIDORES/OBJETOS

- **acessories** > acessórios
- **changeroom, locker room or changing room** > camarim/trocador – é uma sala ou área designada para a troca de roupas dos modelos (onde conferem os cartões de identificação com as descrições de cada *look*)
- **clothes/outfits** > roupas a serem desfiladas
- **clothing racks** > araras
- **hangers** > cabides

- **head-sets and radio communication**
  > fones de ouvido para comunicação
- **hair brushes** > escovas de cabelo
- **hair dryers** > secadores de cabelo
- **make-up light** > luz para maquiagem
- **vídeo monitor** > monitor de vídeo
- **mirrors** > espelhos
- **toillet facilities** > sanitários

4. A RUNWAY AUDIENCE
PÚBLICO DE UM DESFILE

Não dá para enumerar todos aqueles que constituem o público de um desfile de moda, portanto apresentamos aqueles que são mais frequentes nesses eventos.

- **actors/actresses** > atores/atrizes
- **advertising and publishing agents**
  > agentes de publicidade e propaganda
- **celebrities/celeb** > celebridades
- **designers or their representatives**
  > *designers* ou seus representantes
- **diplomats** > diplomatas
- **boutique buyers** > compradores de butiques
- **guests** > convidados
- **corporate sponsors** > patrocinadores de empresas
- **fashion customers** > clientes de moda
- **fashion editors** > editores de moda
- **fashion marketing professionals**
  > profissionais de marketing de moda

- **fashion representatives** > representantes de moda
- **fashion students** > estudantes de moda
- **fashion teachers** > professores de moda
- **fashionists** > fashionistas – fiéis seguidores da moda e suas tendências
- **filming crew** > equipe de filmagem
- **media professionals: newspapers, magazines and TV** > profissionais da mídia: jornais,revistas e TV
- **modeling schools students** > estudantes de escolas de modelos
- **modeling agencies owners and staff** > donos de agências de modelos e equipe
- **photographers** > fotógrafos – esses ficam de frente para a passarela, num lugar reservado para eles: o PIT
- **selected VIP's** > VIPs selecionados
- **socialites** > socialites
- **standing audience** > convidados para ficar em pé

15 DIÁLOGO PRÁTICO

A: Good evening, girls are you ready? Do you know what you are doing?

Models: Yes, we do.

A: First of all don't forget this fashion show concept. Also remember the runway routine and keep up with it.

Models: Ok.

A: Remember, you'll have three clothing changes. Is it clear?

Models: Yes, it is.

A: Adriana, you are opening the show.

Adriana: Ok.

A: Go for it! Break a leg!

CAPÍTULO 10

PACKING
FAZENDO AS MALAS

A. DOCUMENTS
DOCUMENTOS

Quanta excitação! Você está fazendo as malas para enfrentar o desafio de ir trabalhar no exterior?

Que tipos de documentos você precisa ter para fazer uma viagem ao exterior?

A sua agência ou agente já devem ter providenciado tudo o que é necessário, mas veja os seus nomes em inglês:

1. IMPORTANT DOCUMENTS AND GUIDES
DOCUMENTOS IMPORTANTES E GUIAS

- **a valid passport** > um passaporte válido
- **address/phone number of the local agency**
  > endereço e telefone da agência local
- **foreign language pocket dictionary**
  > dicionário de bolso da língua estrangeira
- **international health insurance**
  > seguro internacional de saúde

- **visa** > visto de entrada exigido em certos países
- **traveler's checks** > cheques de viagem

Nota: Como alguns países exigem o certificado que apresentamos, veja a seguir uma explicação mais ampla.

2. INTERNATIONAL CERTIFICATE OF VACCINATION
CERTIFICADO INTERNACIONAL DE VACINAÇÃO

O Certificado Internacional de Vacinação e Profilaxia (CIVP) é um documento que comprova a vacinação contra a febre amarela e/ou outras doenças. A possibilidade de exigência do CIVP é prevista no Regulamento Sanitário Internacional (RSI). A lista com os países que exigem o certificado está disponível na internet no endereço da Organização Mundial de Saúde (OMS).

Também de acordo com a Nota Técnica nº 06/07/DEVEP/SVS/MS, o Brasil passa a recomendar a vacinação contra a febre amarela para viajantes procedentes de áreas internacionais de risco para transmissão da doença ou com destino a estas áreas, bem como para viajantes com destino às áreas nacionais de risco para transmissão da mesma. Para estar protegido contra febre amarela, o viajante deverá ser vacinado no mínimo dez dias antes de sua viagem. Esta vacina terá validade de dez anos, devendo ser novamente administrada até o final desse período.

3. WORK CONTRACT
CONTRATO DE TRABALHO

Ninguém mais importante na sua carreira do que um agente ou uma agência de confiança. São eles que vão negociar os seus melhores contratos, aqui e no exterior, mas não deixe de submetê-los ao seu advogado. Numa primeira fase da carreira, os modelos poderão viajar para fora como simples turistas. Se tiverem sucesso, a agência a que pertencem aqui no Brasil receberá uma carta, confirmando o trabalho a ser realizado. Será fornecido o documento permitindo o ingresso no país. Para as selecionadas a agência adianta dinheiro para bancar as despesas iniciais, tais como passagem, moradia e estada, e a modelo paga com o cachê que entrar com os primeiros trabalhos.

Aprender a terminologia desse assunto em inglês é de suma importância.

- **affiliate agencies** > agências afiliadas/filiais
- **agency comission** > comissão da agência
- **assignment/booking** > tarefa/compromisso
- **attorney/lawyer** > advogado
- **comission** > comissão – porcentagem recebida pela agência, deduzida do salário dos modelos
- **expenses** > despesas
- **fees/rates** > salários
- **hourly/rate** > salário/hora
- **interest** > juros
- **length of contract term** > duração do contrato
- **model's rates/fees** > salário dos modelos
- **mother model's agency** > agência-mãe de modelos
- **types of contract** > tipos de contrato:
    - **exclusive** > exclusivo
    - **non-exclusive** > não exclusivo
- **paycheck** > cheque de pagamento
- **work contract** > contrato de trabalho

4. RESUMÉ/CURRICULUM VITAE (CV)
CURRÍCULO

Quando você inicia a carreira de modelo, o pessoal está mais interessado em sua aparência e personalidade, mas em algumas ocasiões, dependendo do tipo de trabalho, podem lhe pedir o seu currículo, isto é, um resumo do que você é, do seu grau de instrução, experiências no ramo, etc.

Se você está partindo para trabalhar no exterior, o seu currículo, *book* e *composite* já devem ter sido enviados para a sua nova agência ou agência afiliada. De qualquer maneira, é bom saber os itens que devem constar do seu currículo em inglês, caso haja uma nova necessidade, não é?

- **Name, address, phone number and e-mail address** > nome, endereço, número de telefone e endereço de e-mail
- **Education/Training: high school/college/ modeling course** > Grau de instrução/treinamentos: ensino Médio/faculdade/curso de modelo
- **Physical data: height, measurements, hair color, eye color** > Dados físicos: altura, medidas, cor do cabelo, cor dos olhos
- **Clothing sizes: dress and shoe sizes – women** > Tamanhos de roupas: vestido e calçado – mulheres
- **Clothing sizes: suit, shirt, shoe size – men** > Tamanhos de roupas: terno, camisa, calçado – homens
- **Languages spoken** > Línguas faladas
- **Countries already visited/lived in** > Países visitados/onde viveu
- **Work experience: modeling, TV, theater, commercials** > Experiência de trabalho: modelo, TV, teatro,comerciais
- **Extra skills: vocal, dance, acting experience.** > Habilidades extras: voz, dança, experiência em atuação
- **actor/actress, sports activities** > ator/atriz, atividades esportivas

B. A MODEL'S SUITCASE
MALA DE MODELO

Você já deve ter recebido, através de sua escola de modelos ou do seu agente, uma lista com o que levar na mala. Mas não custa checar os itens abaixo para rever o vocabulário, em inglês:

1. FEMALE MODEL'S BAG
MALA DE MODELO FEMININO

- **basic black heels stillettos** > sapatos pretos básicos salto agulha
- **basic jewelery** > joias/bijuterias básicas
- **casual shoes** > sapatos comuns
- **basic black dress** > vestido preto básico
- **blue jeans & white tank** > jeans e regata branca
- **feminine protection products** > produtos íntimos de proteção feminina
- **head scarf** > echarpe de cabeça
- **nightwear** > roupa de dormir/pijamas
- **sandals** > sandálias
- **various styles of bras/brassiere** > vários tipos de sutiãs
- **various styles of panties** > vários tipos de calcinhas

2. MALE MODEL'S SUITCASE
MALA DE MODELO MASCULINO

- **aftershave lotion** > loção pós-barba
- **black leather shoes** > sapatos pretos de couro
- **blue jeans & white tank** > jeans e regata branca
- **casual shoes** > sapatos comuns

- **dental floss** > fio dental
- **plain white t-shirt** > camiseta branca lisa
- **razor** > aparelho de barbear
- **sandals** > sandálias
- **socks: black, beige and nude nylons** > meias pretas, brancas, bege e cor da pele
- **suits** > ternos
- **shirts** > camisas
- **ties** > gravatas

C. TOILETRIES ARTIGOS DE TOILETE

Além das roupas, não se esqueça dos seus produtos de beleza e de higiene. Há itens que são comuns a ambos os gêneros:

- **body care kit** > *kit* de cuidados com o corpo
- **comb** > pente
- **eye drops** > colírio
- **deodorant/antiperspirant** > desodorante
- **hair brush** > escova de cabelo
- **hair care products** > produtos para o cuidado dos cabelos
- **make-up kit** > *kit* de maquiagem
- **moisturizer** > hidratante/creme umedecedor
- **nail care kit** > *kit* de manicure
- **rollers** > bobies
- **small mirror** > espelhinho
- **sunblock** > bloqueador solar
- **shaving kit** > *kit* para depilação

- **toothbrush** > escova de dentes
- **tooth paste** > pasta dental
- **tweezers** > pinças
- **wet tissues** > lenços umedecidos

Nota: Os produtos de maquiagem podem ser comprados em **travel sizes** (tamanhos de viagem) para ter mais espaço na mala.

D. DAILY ITEMS ITENS DE USO DIÁRIO

Além das roupas e objetos de uso pessoal, há algumas coisas que poderão ser de grande utilidade no seu dia a dia lá fora:

- **alarm clock** > despertador
- **address book** > caderno de endereços
- **appointment book** > agenda de compromissos
- **pocket calculator** > calculadora de bolso
- **city map** > mapa da cidade
- **dress shields** > dispositivo descartável para ser usado nas axilas, a fim de preservar roupas do suor
- **dual voltage hair dryer** > secador de cabelo de dupla voltagem
- **money** > dinheiro
- **reading material** > material de leitura para as longas esperas
- **scissors** > tesouras
- **small sewing kit** > pequeno *kit* de costura
- **safety pins** > alfinetes de gancho
- **pen** > caneta
- **portfolio & comp cards** > portfólio e *composites*.
- **portable umbrella** > guarda-chuva portátil

- **voucher forms (your agency)**
  > formulários de *voucher* (sua agência)

E. A MODEL'S TOTE BAG ESSENTIALS ESSENCIAIS NUMA TOTE BAG DE MODELO

Chegou o dia da primeira sessão de fotos? Reveja com atenção os itens essenciais que devem constar de sua **tote bag** (sacola de mão).

FEMALE MODEL'S BAG BOLSA DE MODELO FEMININA

- **basic black heels** > sapatos pretos salto básico
- **casual shoes** > sapatos comuns
- **city map** > mapa da cidade
- **basic black dress** > vestido preto básico
- **black, beige and nude nylons** > meias pretas, beges e cor da pele
- **blue jeans and white shirt** > jeans e camiseta branca
- **deodorant** > desodorante
- **drop cloth** > plástico para proteger roupas
- **head scarf** > lenço de cabeça
- **makeup kit** > *kit* de maquiagem
- **pocket lint remover** > removedor de fiapos/pelos (de bolso)
- **portfolio and comp cards** > portfólio e *composites*
- **sandals** > sandálias
- **small mirror** > espelhinho
- **small sewing kit** > pequeno *kit* de costura
- **stilettos** > sapatos salto agulha
- **wetnaps** > lenços umedecidos
- **toothbrush** > escova de dentes
- **water** > água para as longas esperas

MALE MODEL'S BAG BOLSA DE MODELO MASCULINO

- **black, beige and nude socks** > meias pretas, beges e cor da pele
- **black leather shoes** > sapatos pretos de couro
- **blue jeans and white tank** > jeans e regata branca
- **casual shoes** > sapatos comuns
- **city map** > mapa da cidade
- **deodorant** > desodorante
- **make-up kit** > *kit* de maquiagem
- **plain white T-shirt** > camiseta branca simples
- **portfolio and comp cards** > portfólio e *composites*.
- **reading material** > material de leitura para as longas esperas
- **razor** > aparelho de barba
- **pocket lint remover** > removedor de fiapos/pelos (de bolso)
- **sandals** > sandálias
- **small sewing kit** > pequeno *kit* de costura
- **small mirror** > espelhinho
- **toothbrush** > escova dentes
- **water** > água para as longas esperas

F. INTERNATIONAL BOOKINGS COMPROMISSOS/APONTAMENTOS INTERNACIONAIS

Pronta para o seu primeiro compromisso no exterior? Para que você cumpra o que esperam de você, procure ter por escrito ou se informar com a agência local sobre os seguintes pontos:

- **call/booking/assignment** > compromisso/apontamento
- **location of the assignment** > lugar do compromisso

Algumas frases importantes:

- **Where is the assignment?** > Onde é o compromisso/trabalho?
- **Please confirm the address.** > Por favor, confirme o endereço.
- **Who am I supposed to see when I get there?** > Quem devo ver/encontrar quando chegar aí?
- **When must I arrive?** > Quando devo chegar?
- **What should I bring with me?** > O que devo levar?
- **What time?** > A que horas?

16 DIÁLOGO PRÁTICO

A: Good morning. My name is …I'd like to confirm my assignment.

B: Yes, you are supposed to be here on August 7th.

A: What time should I be there?

B: At 9:00 am.

A: Who am I supposed to see when I get there?

B: Mrs Banks will be waiting for you.

A: What should I bring with me?

B: You may dress casually and bring your model's bag with you.

A: Thank you very much.

B: You're welcome.

Até agora você aprendeu como se comunicar no presente. Para falar de coisas que você já realizou no passado, veja as explicações a seguir.

NOTA GRAMATICAL

ACTIONS IN THE PAST AÇÕES NO PASSADO

Em inglês, há várias formas de indicar ações no passado. A primeira é o **simple past** (passado simples). Só usamos o Passado Simples em ações realizadas num tempo definido no passado, os verbos dividem-se em regulares e irregulares. Qual a diferença entre eles?

Os verbos regulares têm o passado em **ed,** na forma afirmativa, mas essa terminação deixa de existir nas formas negativa e interrogativa.

Exemplos:

- **I worked yesterday.** > Trabalhei ontem.
- **I didn't work yesterday.** > Eu não trabalhei ontem.
- **Did you work yesterday?** > Você trabalhou ontem?

1. REGULAR VERBS VERBOS REGULARES

Veja como ficam alguns verbos regulares no passado:

- **to ask** > perguntar > **asked**
- **to talk** > falar/conversar > **talked**
- **to answer** > responder > **answered**
- **to introduce** > apresentar > **introduced**
- **to cancel** > cancelar > **cancelled**
- **to wait** > esperar > **waited**
- **to want** > querer > **wanted**
- **to work** > trabalhar > **worked**

2. IRREGULAR VERBS
VERBOS IRREGULARES

Desculpe, mas como o próprio nome indica, eles são tão irregulares que você terá que decorar aqueles que usar com mais frequência. Quer um exemplo? Se for procurar o verbo irregular IR (**to go**) no dicionário vai encontrar:

TO GO – WENT – GONE

Exemplo:

- **I went to the agency last week.**
  > Fui à agência na semana passada.

Mas na negativa e interrogativa fica assim:

- **I didn't go to the agency last week.**
  > Não fui à agência na semana passada.
- **Did you go to the agency last week?**
  > Você foi à agência na semana passada?

Exemplos:

- **Did she arrive in Taiwan last week?**
  > Ela chegou em Taiwan na semana passada?
- **The photographer took photos for the new collection last month.** > O fotógrafo tirou fotos para a nova coleção no mês passado.

3. SHORT ANSWERS
RESPOSTAS CURTAS

Para dar respostas curtas no passado, você pode dizer:

- **Yes, I did.**
- **No, I didn't.**

Exemplos:

- **Did you arrive last night?** > Você chegou ontem?
    - **Yes, I did.** > Sim, cheguei.
    - **No, I didn't.** > Não, não cheguei.

Você encontrará uma explicação mais detalhada sobre como usar este tempo verbal no Segmento Gramatical (cap.17) e os tempos primitivos de alguns verbos relacionados com sua profissão no Banco de Palavras (cap.18).

TIP TIME

As principais palavras que indicam ações no passado são:

- **yesterday** > ontem
- **the day before yesterday** > anteontem
- **last week** > na semana passada
- **last month** > no mês passado
- **last year** > no ano passado
- **minutes ago** > minutos atrás
- **moments ago** > momentos atrás

Exemplos:

- **Your portfolio arrived last night.**
  > Seu portfólio chegou ontem à noite.
- **I received my passport last week.**
  > Recebi meu passaporte na semana passada.

17 DIÁLOGO PRÁTICO

A: Hi

B: Hello!

A: Are you the Brazilian Model?

B: Yes, I am. My name is Andressa Barros.
Nice to meet you.

A: Like wise. I'm Stephanie Henje. I am from Sweden.
When did you arrive?

B: I arrived yesterday morning.

A: I arrived last week. Bye, bye and welcome.

B: Thanks, see you.

CAPÍTULO 11

FLYING TO ANOTHER CONTRY
VIAJANDO PARA OUTRO PAÍS

Uma viagem de avião sempre desperta aquele "friozinho na barriga", misto de alegria, excitação e... temor. De qualquer maneira, se você já está com a viagem marcada ou pretende viajar em breve, é importante saber se comunicar em inglês, antes do embarque e dentro do avião, principalmente nos voos ao exterior, onde dificilmente você ouvirá português.

A. AT THE AIRPORT
NO AEROPORTO

1. AT THE AIRLINES COUNTER
NO BALCÃO DA COMPANHIA AÉREA

Não sei se você vai conseguir se lembrar de todas as frases que poderá ouvir antes do embarque e durante os voos que fará ao exterior. De qualquer maneira vão aqui algumas possibilidades. Procure aprender as palavras mais importantes, pois há lugares em que só o inglês e talvez o espanhol, serão usados para comunicações:

- **airfare** > preço da passagem
- **airline tickets** > passagens aéreas
- **business class** > classe executiva
- **economy class** > classe econômica

- **first class** > primeira classe
- **aisle** > corredor
- **aisle seat** > assento no corredor
- **baggage/luggage claim** > retirada de bagagem
- **baggage excess** > excesso de bagagem
- **boarding pass** > cartão de embarque
- **carry-on luggage** > bagagem de mão
- **connecting flight** > voo de conexão
- **domestic flight** > voo doméstico
- **e-ticket** > passagem comprada pela internet
- **first-class international** > primeira classe internacional
- **gate** > portão
- **overbooked flight** > voo com excesso de passagens vendidas
- **over-sized baggage** > bagagem muito volumosa
- **window seat** > assento da janela

COMMUNICATION SENTENCES

FRASES PARA COMUNICAÇÃO

- **You should be at the airport two hours ahead of time for domestic flights.** > Você deverá estar no aeroporto duas horas antes de embarques domésticos.
- **You will need to present your identification along with your ticket.** > Você precisará apresentar sua identificação junto com sua passagem.
- **Your must present your boarding pass at the gate.** > Você precisa apresentar seu cartão de embarque no portão de embarque.
- **I'll give you an aisle seat.** > Vou lhe dar um assento no corredor.
- **Gate18 is down this hall and to your right.** > O portão 18 fica nesse hall à direita.

- **You are in seat B of row nine.**
  > Você está no assento B, na nona fila.

2. ABOARD
A BORDO

Para que você possa entender ou pedir alguma coisa dentro do avião, veja o vocabulário a seguir:

- **blanket** > cobertor
- **call light** > botão de luz para chamar o/a comissário/a de bordo
- **captain** > comandante
- **co-pilot** > copiloto
- **complimentary meal/tea/coffee/refreshments**
  > refeição/chá/café/refrescos (incluídos na passagem)
- **emergency exit** > saída de emergência
- **headset/earphones** > fone de ouvido
- **jet lag** > cansaço devido à diferença de fuso horário
- **(to) land** > aterrissar
- **life vest/life jacket** > colete salva-vidas
- **motion sickness** > enjoo
- **overhead locker/bin/compartment**
  > compartimento superior para guardar a bagagem de mão etc.
- **oxygen mask** > máscara de oxigênio
- **pilot** > piloto
- **pilow** > travesseiro
- **refreshments** > refrescos/bebidas
- **row** > fileira de assentos
- **runway** > pista de decolagem e aterrissagem
- **seatbelt/safety belt** > cinto de segurança do assento

- **stewardess (female) /flight attendant** > aeromoça
- **air host** > comissário/a de bordo
- **stopover** > parada/conexão
- **(to) take off/ take off** > decolar/decolagem
- **touch down** > tocar a pista
- **turbulence** > turbulência

Nota: **alcoholic beverages** (bebidas alcoólicas) servidas a bordo são pagas.

3. ABOARD COMMUNICATIONS
COMUNICAÇÕES A BORDO

- **You'll have to put your bag under your seat because all of the overhead lockers are full.** > Você terá que pôr sua bolsa debaixo do assento porque os compartimentos superiores estão cheios.
- **Please, keep your bags out of the aisle.** > Por favor, mantenham suas bolsas fora do corredor.
- **Please, turn off all electronic devices at take-off and landing.** > Por favor, desliguem todos os aparelhos eletrônicos durante a decolagem e a aterrissagem.
- **Please, keep your seat back upright.** > Por favor, mantenha o encosto da poltrona em posição vertical.
- **Please, fasten seatbelts.** > Por favor, apertem os cintos.
- **Please remain in your seats while the seatbelt light is on.** > Por favor, permaneçam sentados enquanto o aviso de apertar os cintos estiver aceso.
- **This turbulence should only last a few minutes.** > Essa turbulência só durará alguns minutos.

- **If you feel cold I can get you a blanket.**
  > Se sentir frio, posso lhe dar um cobertor.
- **There is no smoking allowed inside the cabin.**
  > Não é permitido fumar dentro do avião.
- **If you need anything, just press the call light.**
  > Se precisar de alguma coisa, aperte a luz de chamada.
- **Please, take a moment to locate the life vest under your seat.** > Por favor, localize o colete salva-vidas sob o seu assento.
- **We will be landing in Tokyo in approximately ten minutes.** > Aterrizaremos em Tóquio dentro de aproximadamente dez minutos.
- **Please, remain in your seats until we taxi in to the gate.** > Por favor, permaneçam sentados até chegarmos ao portão de desembarque.
- **Please, have your passport out when you go through security.** > Por favor, tenham seus passaportes em mãos ao passar pela segurança.

4. LANDING CARD
CARTÃO PARA ATERRISSAGEM/DESEMBARQUE

Chegando ao exterior, antes de o avião aterrissar, é necessário o preenchimento em **print letters** (letras de forma) dos papéis para a imigração e a alfândega, que os comissários de bordo distribuirão e que devem ser apresentados na alfândega de qualquer país. Veja um modelo:

U.S. CUSTOMS DECLARATION FORM – FRONT
DECLARAÇÃO PARA A ALFÂNDEGA DOS EUA – FRENTE

1. **Print your last (family) name. Print your first (given) name. Print the first letter of your middle name.**
   > Escreva o seu sobrenome. Escreva seu primeiro nome. Escreva a primeira letra do seu segundo nome.

Nota: A palavra **print** indica que você deve escrever em letra de forma.

2. **Print your date of birth in the appropriate day/month/year boxes.** > Escreva a data do seu nascimento nas devidas caixas dia/mês/ano.
3. **Print the number of family members traveling with you (do not include yourself).** > Escreva o número de pessoas da família viajando com você (não se inclua).
4. **Print your current street address in the United States. If you are staying at a hotel, include the hotel's name and street address. Print the city and the state in the appropriate boxes.** > Escreva o seu endereço atual nos Estados Unidos. Se você vai ficar em um hotel, inclua o nome, o endereço do mesmo. Preencha a cidade e o estado nos espaços apropriados.
5. **Print the name of the country that issued your passport.** > Escreva o nome do país que forneceu o seu passaporte.
6. **Print your passport number.** > Escreva o número do seu passaporte.
7. **Print the name of the country where you currently live.** > Escreva o nome do país onde vive atualmente.
8. **Print the name of the country (ies) that you visited on your trip prior to arriving to the United States.** > Escreva os nomes dos países que visitou antes de chegar aos Estados Unidos.
9. **If traveling by airline, print the airline's name and flight number. If traveling by vessel/ship, print the vessel's name.** > Se estiver viajando de avião, escreva o nome da companhia aérea e o número do voo. Se estiver viajando de navio, escreva o nome do mesmo.
10. **Mark an X in the Yes or No box. Are you traveling on a business (work-related) trip?** > Marque com um X na caixa Sim ou Não. Você está viajando a negócios?

11. **Mark an X in the Yes or No box. Are you bringing with you:** > Marque com um X na caixa Sim ou Não. Você está trazendo com você:

- **Fruits, plants, food, or insects?** > Frutas, plantas, comida ou insetos?
- **Meats, animals, or animal/wildlife products?** > Carnes, animais ou produtos animais/selvagem?
- **Disease agents, cell cultures, or snails?** > Agentes de doenças. Células de cultura ou lesmas?
- **Soil or have you visited a farm/ranch/pasture outside the United States?** > Terra ou você visitou fazenda/ranchos ou pastagens fora dos Estados Unidos?

12. **Mark an X in the Yes or No box. Have you or any family members traveling with you been in close proximity of ____– such as touching or handling livestock outside the United States?** > Marque com um X na caixa Sim ou Não. Você ou alguém dos membros da sua família viajando com você, estiveram em contacto com ____– tocando ou manuseando animais de criação fora dos Estados Unidos?

13. **Mark an X in the Yes or No box. Are you or any family members traveling with you bringing $10,000 or more in U.S. dollars or foreign equivalent in any form into the United States?** > Marque com um X na caixa Sim ou Não. Você ou alguém dos membros da sua família viajando com você, estão trazendo US$ 10,000 ou mais ou o equivalente em moeda estrangeira para os Estados Unidos?

- **Read definition of monetary instruments on the reverse side of the form.** > Leia a definição de instrumentos monetários no reverso do formulário.
- **Examples: coins, cash, personal or cashier's check, traveler's checks, money orders, stocks, bonds.**

> Exemplos: moedas, dinheiro papel, cheque pessoal ou de caixa, traveler's cheques, ordens de pagamento.

- **If yes, your must complete the Customs Form 4790.** > Em caso afirmativo, você precisa completar o formulário de Alfândega 4790.

14. **Mark an X in the Yes or No box. Are you or any family members traveling with you bringing commercial merchandise into the United States?** > Marque com um X na caixa Sim ou Não. Você ou alguém dos membros da sua família viajando com você está trazendo mercadoria comercial para os Estados Unidos?

    - **Examples: all articles intended to be sold or left in the United States, samples used for soliciting orders, or goods that are not considered personal effects.** > Exemplos: todos os artigos destinados à venda ou deixados nos EUA, amostras usadas para atender pedidos ou mercadorias não consideradas de uso pessoal.

- **If you are a visitor (non-U.S. Resident), print the total value of all goods (including commercial merchandise) you or any family members traveling with you are bringing into the United States and will remain in the United States.** > Se você for um visitante (não residente nos USA) escreva o valor total de todos os produtos (inclusive mercadorias comerciais) que você ou membros de sua família, viajando com você estão trazendo para os EUA.

Note: Visitors (non-U.S. Residents) are normally entitled to an exemption of $100. > Visitantes (não residentes nos USA) tem normalmente direito a uma isenção de $100.

Saindo do avião, siga as indicações e procure se dirigir ao **immigration control** (controle da imigração).

B. AT CUSTOMS
NA ALFÂNDEGA

É importante saber responder adequadamente ao **customs officer** (oficial da alfândega), começando pelos cumprimentos Após os cumprimentos e recebimento de formulários, o oficial da alfândega deverá lhe pedir o passaporte dizendo:

- **Your passport, please.** > Seu passaporte, por favor.

Ao entregar o passaporte, você poderá dizer:

- **Here you are.** > Aqui está.

Em seguida, o oficial da alfândega poderá fazer algumas perguntas relativas ao objetivo de sua viagem.

- **How long are you going to stay here?**
  > Quanto tempo o sr./a sra./você permanecerá aqui?
  - **I am going to stay a few days.** > Ficarei alguns dias.
    - **a week** > uma semana
    - **two weeks** > duas semanas
    - **a month** > um mês
    - **one year** > um ano
- **What is the reason of your trip?** > Qual a razão de sua viagem?
  - **I am going to take a course in...** > Vou fazer um curso de...
  - **I am here on vacation.** > Estou aqui de férias.
- **Are you here on business or on vacation?**
  > O sr./a sra./você está aqui a negócios ou a passeio?
- **Where are you going to stay?** > Onde o sr./a sra./você ficará?
  - **At a school.** > Na escola.
  - **At a hotel.** > No hotel.
  - **In a friend's flat** > Num *flat* de uma amiga.

- **Do you have anything to declare?** > Tem alguma coisa a declarar?
  - **I have nothing to declare.** > Não tenho nada a declarar.
  - **I have...** > Eu tenho... (Você diz o que tem a declarar)
- **Welcome to... Enjoy your stay.**
  > Bem vindo/a a... Aproveite a sua estada.
  - **Thank you very much.** > Muito obrigado/a.

18 DIÁLOGO PRÁTICO

GUARD: Good morning, sir. Please stand behind the yellow line... Go ahead, sir.

IMMIGRATION: Good morning, your passport, please.

YOU: Here you are.

IMMIGRATION: So, you are from Brazil.

YOU: Yes, I'm Brazilian.

IMMIGRATION: How long are you gonna (going to) stay in the USA?

YOU: I'm going to stay here for ...

IMMIGRATION: Are you here on business or on vacation?

YOU: I'm here on ....

IMMIGRATION: Where are you going to stay?

YOU: At...

IMMIGRATION: Ok, Welcome to the USA. Enjoy your stay.

YOU: Thank you. Good bye.

CAPÍTULO 12

ARRIVING ABROAD
CHEGANDO AO EXTERIOR

A. AT THE AIRPORT
NO AEROPORTO

Chegou ao seu destino! Quais são os primeiros passos depois da alfândega?

1. BAGGAGE CLAIM
RETIRADA DE BAGAGEM

Siga as instruções dadas pelo alto-falante ou as setas para retirar sua bagagem no **baggage carousel** (esteira de bagagem). Cada esteira tem um número certo para os voos que chegam. Você também pode checar o número do seu, nas telas de TV ou num balcão de informações. Em alguns países os carrinhos de bagagem não são pagos, mas nos USA o preço varia de $2 a $4 e as máquinas automáticas aceitam tanto notas de $1 a $5 ou moedas de $0,25 (**quarters/25 cents**).

2. BAGGAGE PROBLEMS
PROBLEMAS COM A BAGAGEM

Sua bagagem não chegou? Uma de suas malas está faltando? Geralmente existem as seguintes possibilidades:

a. MISPLACED BAGAGE
BAGAGEM COLOCADA EM AVIÃO ERRADO

Mantenha a calma e o sorriso, se puder! Com os códigos de barra que constam das **luggage claim tags** (etiquetas de bagagem), sua bagagem dificilmente ficará realmente "perdida".

Embora a viagem tenha sido cansativa, não deixe de lidar com o problema ainda no aeroporto. Procure a seção de bagagens ou o escritório da sua companhia aérea. Eles possuem várias fotos de malas para ajudar na identificação das bagagens que não chegaram.

Em seguida você deverá preencher um formulário, onde deverão constar o endereço e o telefone de onde irá se hospedar para que eles enviem o item em questão.

Não aceite ter que voltar ao aeroporto em busca da bagagem. Exija também um comprovante antes de deixar o aeroporto e o telefone do departamento da companhia aérea e da pessoa que lhe atendeu, para um contato e monitoramento posterior do extravio.

Se os itens contidos na bagagem, tais como artigos de toalete, fizerem muita falta até a entrega da mala, negocie com a companhia aérea o fornecimento desses artigos. Conforme a companhia aérea, ou eles reembolsam ou você compra e apresenta a eles os recibos depois.

Mais um conselho: tire cópias de todos os documentos envolvidos no processo, inclusive passaporte, passagem aérea, recibos etc.

b. DAMAGED BAGGAGE
BAGAGEM DANIFICADA

Sua bagagem foi danificada? Você teve prejuízo? Existe uma fórmula para que você seja ressarcido/a, desde que o estrago seja realmente evidente e que tenha sido causado pelo transporte.

c. LOST BAGGAGE
BAGAGEM PERDIDA

É difícil acontecer, mas se a companhia aérea realmente perdeu a sua bagagem terá que pagar pelo prejuízo, mediante uma lista de todo o conteúdo da mala que você terá que apresentar.

O importante é conhecer o vocabulário, em inglês, se uma situação desagradável ocorrer.

3. TYPES OF BAGGAGE
TIPOS DE BAGAGEM

- **carry on luggage** > qualquer tipo de bagagem que possa caber sob o assento do avião
- **backpacks** > mochila
- **duffel bag** > sacola em forma tubular, geralmente de tecido mole, ideal para viagens curtas
- **garment bag** > saca/porta-roupas (envelope para transporte de roupas para evitar que se amassem)
- **hard sided luggage** > mala de superfície dura
- **suitcase** > mala – termo geral para indicar, tanto os utensílios com, ou sem rodas.
- **non-wheeled luggage** > bagagem sem rodas
- **rolling baggage/luggage** > vários tipos de bagagem com rodas
- **wheeled suitcase** > mala com rodas
- **wheeled upright suitcase** > mala com rodas, com alça que permite o seu transporte horizontalmente
- **soft sided luggage** > mala de superfície mole
- **semi soft sided luggage** > mala de superfície intermediária
- **tote bag** > sacola pequena, geralmente usada no ombro, mas atualmente podem ser encontradas com alças estendidas e rodas

4. SHAPES
FORMAS/FORMATOS

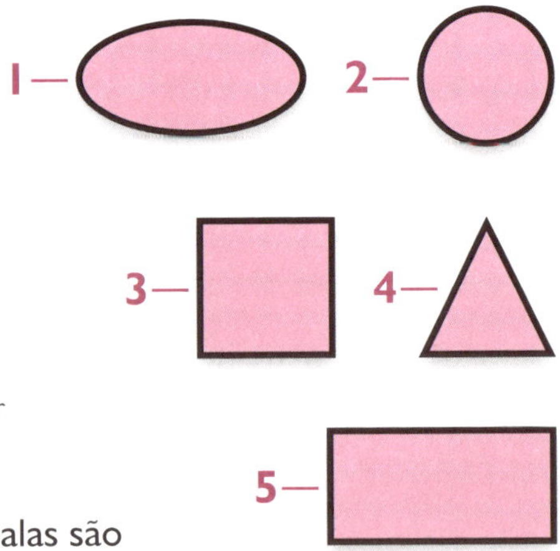

1. **oval** > oval
2. **round** > redondo
3. **square** > quadrado
4. **triangular** > triangular
5. **rectangular/oblong** > retangular

Se tiver que identificar uma bagagem, veja o material e as partes de que as malas são feitas e reveja as cores, em inglês:

- **ABS acrylonitrile butadiene styrene** > material ABS – tipo de plástico
- **canvas** > lona
- **closures** > fechos
- **EVA** > EVA – material etileno-acetato de vinil
- **keys** > chaves
- **leather** > couro
- **nylon** > nylon
- **paper** > papel
- **polyester** > poliester
- **safe locks** > fechaduras de segurança
- **secure button** > botão de segurança
- **shandong silk** > seda shandong
- **shantung** > xantungue
- **velcro** > velcro
- **zippers** > zipers

5. COLORS
CORES

- **black** > preto
- **blue** > azul
- **brown** > marrom
- **green** > **verde**
- **grey**[AE] / **gray**[BE] > cinza
- **orange** > laranja
- **pink** > cor-de-rosa
- **red** > vermelho
- **violet/purple** > roxo
- **white** > branco
- **yellow** > cinza

19 **DIÁLOGO PRÁTICO**

AT THE BAGGAGE CLAIM AREA
NA ÁREA DE RECLAMAÇÃO DE BAGAGENS

A: Excuse me, sir.

B: Yes? How may I help you?

A: My suitcase didn't arrive.

B: May I see your baggage tag?

A: Here it is.

B: Please fill in the form first with your flight number, the color and shape of your luggage and other information.

A: Just like this?

B: Yes. You can call 64598733 to keep in touch with us. We'll inform you as soon as we find your luggage.

A: Thank you very much.

B: You're welcome.

B. ASKING FOR INDOOR DIRECTIONS
PEDINDO ORIENTAÇÕES INTERNAS

Quando chegamos a um país estranho, é difícil às vezes localizar um lugar, mesmo dentro de um edifício.

Por exemplo: você precisa trocar dinheiro antes de sair do aeroporto.

Aprenda aqui como pedir orientações internas.

Qualquer tipo de informação deverá ser solicitado de maneira educada. Portanto, ao abordar uma pessoa estranha, use primeiro a expressão:

- **Excuse me, sir/madam/miss...**
  > Com licença, senhor/senhora/senhorita...

A seguir use o **Where**? (Onde?)

- **Excuse me, where is the...?**
  > Com licença, onde fica/está o/a...?
- **Excuse me, where are the...?**
  > Com licença, onde ficam/estão os/as...?

Exemplos:

- **Excuse me, sir. Where is the money exchange?**
  > Com licença, senhor. Onde fica o Câmbio?
- **Excuse me, madam. Where are the restrooms?**
  > Com licença, senhora. Onde ficam os sanitários?

Conheça algumas palavras usadas para indicar as posições das coisas:

1. **in front of** > em frente de
2. **behind** > atrás de
3. **between** > entre
4. **up** > para cima
5. **down** > para baixo
6. **left** > à esquerda
7. **right** > à direita
8. **next to** > ao lado de
9. **far from** > longe de

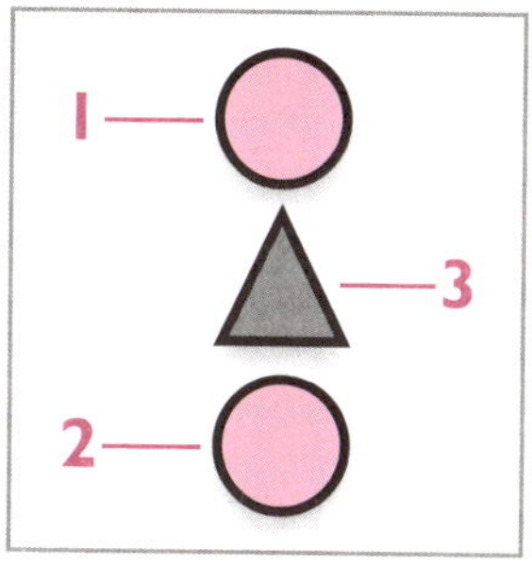

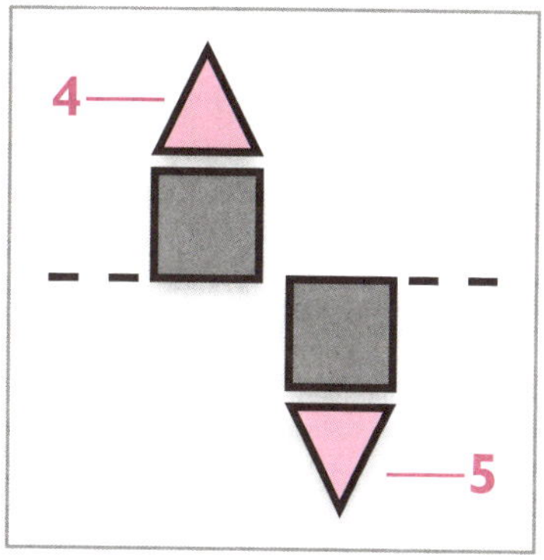

TIP TIME

* **upstairs** > no andar de cima
* **downstairs** > no andar de baixo

Para receber orientações, é importante que você conheça estas expressões:

- **Pass the...** > Passe pelo/pela...
- **Turn right.** > Vire à direita.
- **Turn left.** > Vire à esquerda.
- **Go down...** > Siga pelo/pela...
- **It's on the right.** > Fica à direita.
- **It's on the left.** > Fica à esquerda.
- **It's behind the...** > Fica atrás do/da/dos/das...
- **It's in front of...** > Fica na frente do/da/dos/das...
- **It's between the... and the...** > Fica entre o/a/os/as...
- **It's after the...** > Fica depois do/da/dos/das...
- **It's on the first floor.** > Fica no primeiro andar.

Exemplos:

- **Go down the corridor and turn left.**
  > Siga pelo corredor e vire à esquerda.
- **The money exchange is there on the right.**
  > O câmbio de dinheiro está ali, à direita.
- **Where are the rest rooms?** > Onde ficam os sanitários?
- **They are on the first floor.** > Eles ficam no primeiro andar.

C. CHANGING MONEY
TROCANDO DINHEIRO

Geralmente quando saímos do Brasil já levamos conosco alguns dólares, euros ou a moeda corrente do país ao qual nos dirigimos. Embora nos aeroportos e hotéis as taxas sejam geralmente mais caras, se tiver que trocar dinheiro no aeroporto procure saber onde fica o **Money Exchange** (Câmbio) e aprenda antes a linguagem relativa ao câmbio e transações monetárias, em inglês.

Atualmente, as moedas estrangeiras mais usadas por quem viaja para o exterior para pagar suas contas, são: o dólar americano, o euro (moeda da comunidade europeia) ou o yen japonês. Nesse caso as frases usadas são:

- **Excuse me, where can I change money?**
  > Onde posso trocar dinheiro?
- **Please I'd like to change these dollars.**
  > Por favor, eu gostaria de trocar esses dólares.
- **What are the exchange rates today?**
  > Quais as taxas de câmbio hoje?
- **I'm afraid I only have dollars, not local currency.**
  > Eu somente tenho dólares, não a moeda local.
- **How many euros will I get for these dollars?**
  > Quantos euros eu receberei por estes dólares?

1. SAYING MONEY FIGURES
DIZENDO QUANTIAS EM DINHEIRO

Estas são as formas mais comuns de referir-se a quantias:

- **US$ 9,80 = nine dollars eighty**
- **£ 75,50 = seventy-five pounds fifty**
- **€ 360,00 = three hundred and sixty euros**
- **Mex$ 847,00 = eight hundred and forty-seven Mexican pesos**

E para cifras maiores?

- **1m = one/a million**
- **4bn = four billion**
- **US$ 8.5bn = eight point five billion dollars**

TIP TIME

Quando mencionamos valores grandes em inglês americano, omite-se o artigo **and** (e), de uso comum nesse contexto em inglês britânico.

Exemplos:

* **£ 56m = five hundred and sixty-seven million pounds** > inglês britânico
* **£ 56m = five hundred sixty-seven million pounds** > inglês americano

2. BASIC CURRENCY UNITS
UNIDADE MONETÁRIA BÁSICA

- **Argentinian peso** > peso argentino > **centavo***
- **American dollar** > dólar americano > **cent**
- **Brazilian real** > real brasileiro > **centavo**
- **Swiss franc** > franco suíço > **centime**
- **Canadian dollar** > dólar canadense > **cent**
- **Chinese yuan** > yuan chinês (RMB - reminbi) > **fen**
- **European Euro** > euro europeu > **cent**
- **British pound** > libra esterlina (britânica) > **penny**
- **Hong Kong dollar** > dólar de Hong Kong > **cent**
- **Indian rupia** > rúpia indiana > **paisa**
- **Japanese yen** > iene japonês > **sen (not used)**
- **Mexican peso** > peso mexicano > **centavo**
- **Singapure dollar** > dólar de Cingapura > **cent**
- **Swedish krona** > krona sueca > **Øre**
- **Russian ruble** > rublo russo > **Kopeck**

- **Taiwan dollar** > dólar de Taiwan > cent
- **Tailand bath** > bath da Tailândia > satang

Nota: * **fractional unit** (unidade fracionária)

20 DIÁLOGO PRÁTICO

A: Good morning , sir.

B: Yes, how may I help you?

A: I'd like to cash some traveler's cheques. I'd like to change some US dollars into Chinese yuan. What's the rate today?

B: Today's rate is 0.14620 yuan to 1 dollar.
May I see your passport, please?

A: Here you are.

B: How much would you like to change?

A: US$ 500,00.

B: It's 3,419.88 RMB (reminbi). How would you like the money?

A: I'd like it in twenties and tens.

B: Here you are.

A: Thank you very much.

Chegando ao exterior, preste atenção aos avisos que lhe forem dados, tanto em cartazes como no contato com as pessoas, pois eles levam isso muito a sério.

NOTA GRAMATICAL

ADVICES CONSELHOS

IMPERATIVES IMPERATIVOS

A forma mais simples de advertir ou aconselhar alguém é usar o imperativo afirmativo e negativo, tanto que você sempre vai achar duas listas: uma de **DOs** (faça) e a outra de **DON'Ts** (não faça):

DO DON'T

Exemplos:

- **Follow Instructions** > Siga instruções.
- **Don't be afraid to ask.** > Não tenha medo de perguntar.
- **Don't arrive late!** > Não chegue tarde!
- **Pay attention!** > Preste atenção!
- **Be nice.** > Seja agradável/simpático/a
- **Don't leave yous bags alone** > Não deixe sua bagagem desacompanhada.
- **Be on time!** > Seja pontual!
- **Say thank you.** > Diga obrigado/a.
- **Don't be rude.** > Não seja grosseiro/a.

Se alguém for lhe dar um conselho, de maneira mais educada, poderá usar **should** (deveria) ou **shouldn't** (não deveria)

Exemplos:

- **You should improve your English.**
  > Você deveria melhorar o seu inglês.
- **You shouldn't leave your baggage alone.**
  > Você não deveria deixar sua bagagem sozinha.

CAPÍTULO 13

LEAVING THE AIRPORT
DEIXANDO O AEROPORTO

Hora de deixar o aeroporto? O pessoal da sua agência deve ter mandado alguém para levá-lo/a ao seu destino. De qualquer maneira, é bom aprender sobre os meios de transporte e como utilizá-los ou como chegar a um determinado endereço.

A. MEANS OF TRANSPORT
MEIOS DE TRANSPORTE

Aproveite para aprender ou rever os meios de transporte que uma cidade pode lhe oferecer:

- **boat** > barco
- **bus** > ônibus
- **cab/táxi** > taxi
- **car** > carro
- **ferryboat** > balsa/barco de passgem
- **subway/underground/tube** > metrô
- **train** > trem
- **van** > perua/van

Usamos a preposição **by** com os meios de transporte. Porém para dizer que você vai a pé, use a expressão:

- **on foot** > a pé

- **I went to the agency on foot yesterday**.
  > Eu fui à agência a pé ontem.

Para chegar ao nível da rua em um aeroporto, vá para o **ground level** (nível da rua) ou **G level**, que leva ao **exit** (saída). Siga as setas para o **Ground Transportation** (transporte terrestre). Tenha em mãos e confirme o endereço com o motorista do seu meio de transporte.

Se tiver que pegar um táxi, procure os sinais para o **taxi stand** (ponto de táxi). Aguarde sua vez na fila e dê o endereço ao motorista:

- **Please can you take me to this address?**
  > Por favor, pode me levar a esse endereço?
- **How much is the fare, approximately?**
  > Quanto é a tarifa, aproximadamente?

B. ADDRESSES
ENDEREÇOS

Para entender os endereços no exterior, veja os formatos a seguir, conforme são apresentados nos EUA e em outros países do mundo e o vocabulário complementar:

- **St – street** > rua
- **Av – avenue** > avenida
- **Blvd – boulevard** > bulevar
- **Dr – drive** > rua/caminho
- **Hwy – highway** > rodovia
- **Park** > parque
- **Rd – road** > rua
- **Sq – square** > praça
- **area** > área
- **neighborhood** > vizinhança

- **N – North** > norte (N)
- **S – South** > sul (S)
- **E – East** > leste (L)
- **W – West** > oeste (O)

Exemplos:

- **21 Morgan Street, 5th fl** > Rua Morgan 21, 5th andar
- **670 7ª avenue 9th fl** > 7ª Avenida 670 9º andar
- **96th Street W** – **West** > Rua 96 Oeste
- **137th Street E** – **East** > Rua 137 Leste

21 DIÁLOGO PRÁTICO

A: Good morning, miss.

B: Good morning. I'm going downtown. Is there a flat fare or do you use the meter?

A: I use the meter. How many suitcases?

B: Three.

A: Where would you like to go?

B: I'm going to 875, on 56th Street west.

A: Ok.

half an hour later > meia hora mais tarde

A: Here we are.

B: How much is that?

A: That will be $ 32,00.

B: Here you are. Thank you. Bye, bye.

C. SETTLING DOWN
ACOMODANDO-SE

Se essa é sua primeira viagem ao exterior, certamente sua agência brasileira, através da agência local, já tenha reservado um lugar num apartamento, geralmente dividido com outras modelos.

Geralmente um flat consiste de:

- **living room** > *living*/sala de visitas
- **chair(s)** > cadeiras
- **couch** > sofá
- **bedroom(s)** > quarto(s) de dormir
- **beds** > camas
- **bunks** > beliches
- **wardrobe(s)** > armário(s)
- **bathroom(s)** > banheiro(s)
- **kitchen** > cozinha
- **cupboard(s)** > armário/guarda-louça(s)
- **dishwasher** > máquina de lavar louça
- **washing machine** > máquina de lavar roupa

Nota: Veja o nome dos utensílios de cozinha no capítulo 16, **Socializing** (vida social) do livro.

Se por alguma razão, você tiver que fazer uma reserva num hotel ou confirmação por telefone, use o seu inglês.

1. BOOKING A ROOM
RESERVANDO UM QUARTO

Quando a telefonista receber sua ligação para reservar um quarto, a expressão mais comum é:

- **(Name of establishment). May I help you?**
  > (Nome do estabelecimento). Posso ajudá-lo/la?

Ao fazer uma reserva em hotel, a expressão mais usada é:

- **I'd like to reserve a... room for... nights, please.**
  > Gostaria de reservar um quarto... por... noites, por favor.

Exemplos:

- **I'd like to book a double room for three nights, please.**
  > Eu gostaria de reservar um quarto de casal por três noites, por favor.
- **I'd like a single room for one week, please.**
  > Gostaria de um quarto de solteiro por uma semana, por favor.
- **I'd like to reserve a double room for three nights.**
  > Gostaria de reservar um quarto de casal para três noites.

Ao atender ao seu pedido de reserva, algumas perguntas serão feitas:

- **What's your name, please?**
  > Qual é o seu nome, por favor?
- **Could you spell your last name, please?**
  > Poderia soletrar o seu sobrenome, por favor?

Veja algumas perguntas e respostas para saber as preferências sobre a acomodação:

- **What kind of room would you like?**
  > De que tipo de acomodação gostaria?
- **Would you like a luxury room or an executive suite?**
  > Gostaria de um quarto de luxo ou de uma suíte executiva?

- **For how many nights?**
  > Por quantas noites?
- **For how many people?**
  > Para quantas pessoas?
- **What your address?**
  > Qual é o seu endereço?
- **What's your phone contact number?**
  > Qual é seu telefone para contato?

2. KINDS OF HOTEL ROOMS
TIPOS DE QUARTO DE HOTEL

Embora a sua reserva de quarto já tenha sido feita, se não estiver satisfeito/a ou se houver algum problema com o que você está, não custa saber quais são os principais tipos de quartos, não é?

- **room** > quarto
- **standard** > *standard*/comum
- **luxury** > quarto de luxo
- **suite** > suíte
- **single room** > quarto de solteiro
- **double room** > quarto de casal
- **triple** > quarto tríplice
- **quadruple** > quarto quádruplo
- **adjoining rooms** > quartos contíguos
- **interconnecting rooms** > quartos com comunicação
- **with a shower** > com ducha
- **with bath and a shower** > com banheira e ducha

Veja um exemplo no diálogo a seguir:

22 DIÁLOGO PRÁTICO

A: Saint Regis Hotel. May I help you?

B: Yes, I'd like to make a reservation

A: What's your name, please?

B: It's Andressa Ferreira.

A: Could you spell your last name, please?

B: It's F-E-R-R-E-I-R-A.

A: When will you arrive, Ms. Ferreira?

B: On November 30th.

A: For how many nights?

B: One week.

A: What kind of room would you like?

B: A single room, please.

Você terá que viajar para outro lugar e reservar um hotel? Aprenda a fazer perguntas sobre as diárias e os serviços que o hotel oferece antes de se decidir pela hospedagem. As perguntas e respostas, relativas a vagas, preços e estadas podem ser:

- **Do you have vacancy?** > Vocês têm vaga?
- **Yes, we do.** > Sim, temos.
- **No, sorry, we are fully booked.** > Não, sinto muito, estamos lotados.
- **What are the hotel rates?** > Quais são as diárias do hotel?
- **The hotel rates are...** > As diárias do hotel são...
- **Is breakfast included?** > O café da manhã está incluído?
- **Yes, it is.** > Sim, está.
- **No, it isn't.** > Não, não está.

3. AT RECEPTION
NA RECEPÇÃO

Quando você se apresenta à recepção do hotel, sua reserva já deve ter sido feita por telefone, fax ou e-mail. As perguntas relativas a esse tema podem ser:

- **Do you have a reservation?** > O senhor/a senhora tem reserva?
- **Under what name?** > Em nome de quem?
- **How long are you going to stay?** > Quanto tempo ficará?
- **I am going to stay for two weeks.** > Vou ficar duas semanas.
- **When is check out time?** > Qual é o horário da saída?
- **Check out is at noon.** > A saída é ao meio-dia.

TIP TIME

A classificação dos hotéis é feita mediante **stars** (estrelas). No exterior, o número máximo é de seis estrelas. Exemplos:

* **a five stars hotel** > um hotel cinco estrelas
* **a three stars hotel** > um hotel três estrelas

Se lhe oferecerem uma opção, veja algumas perguntas e respostas para saber das suas preferências sobre a acomodação:

Exemplos:

- **What kind of room would you like?**
  > De que tipo de acomodação gostaria?
- **I'd like a single room.**
  > Gostaria de um quarto de solteiro.
- **I'd like a room with a bath and shower.**
  > Gostaria de um quarto com banheira e ducha.

TIP TIME

Conheça os principais tipos de cama encontrados nos hotéis:

* **single bed** > cama de solteiro
* **twin beds** > camas separadas de solteiro
* **double bed** > cama de casal normal
* **queen size** > cama queen size
* **king size** > cama king size
* **extra bed/spare bed** > cama extra
* **sleeping couch** > sofá-cama

4. REGISTRATION FORM
FICHA DE REGISTRO

Para efetuar o seu registro, a recepção apresenta uma ficha, que em inglês é chamada de **registration form** (ficha de registro) e pode variar de um hotel para o outro, mas que consta basicamente dos itens apresentados na ficha a seguir.

NAME ____

PHONE ____________________ FAX ____________________

ADDRESS ____

COUNTRY ____________________ NATIONALITY ____________________

CITY ____________________ STATE __________ ZIP __________

NUMBER OF PEOPLE __________ NUMBER OF BEDS REQUESTED __________

ARRIVAL DATE ____/____/____ DEPARTURE DATE ____/____/____

CREDIT CARD TYPE & NUMBER: ____________________________

CREDIT CARD SIGNATURE: ____________________________

CREDIT CARD EXPIRATION DATE: ____________________________

E-MAIL ADDRESS ____________________________

Para pedir que você preencha a ficha de registro, o recepcionista deverá dizer:

- **Would you please fill out this form?**
  > O senhor poderia preencher esta ficha, por favor?

No caso de ser necessária alguma forma de identificação, irão usar a expressão:

- **I need some form of identification.**
  > Preciso de algum documento de identidade.

Finalmente, na entrega da chave, as frases poderão ser as seguintes:

- **Here's your key.**
  > Aqui está sua chave.
- **The porter will take the baggage to your room.**
  > O carregador levará a bagagem ao seu quarto.
- **Enjoy your stay.**
  > Aproveite sua estada.

D. CHECKING OUT
SAINDO DO HOTEL

Os hotéis têm um horário para o **check out**. É quando os hóspedes devem desocupar o quarto. Para saber quando isso deve ocorrer, a pergunta será:

- **When is the check out time?**
  > Qual é o horário de saída?
- **It's at midday.**
  > É ao meio-dia.

Nessa e em outras circunstâncias que envolvem pontualidade, é importante aprender ou rever as horas em inglês.

1. ASKING FOR THE CHECK
PEDINDO A CONTA

Para pedir a conta você pode dizer:

- **I'm checking out now/today**.
  > Estou saindo do hotel agora/hoje.
- **Can I have the check, please?**
  > Posso receber a conta, por favor?

Ou simplesmente pedir:

- **The check, please.**
  > A conta, por favor.

Para saber como você vai pagar a conta, a pergunta deve ser:

- **How would you like to pay, sir/madam/miss?**
  > Como o sr./a sra./srta. gostaria de pagar?
- **I'll pay in cash.**
  > Vou pagar em dinheiro.
- **I'll pay by credit card**.
  > Vou pagar com cartão de crédito.
- **I'll pay by cheque.**
  > Vou pagar com cheque.

Aprenda agora o vocabulário básico para apresentar, pagar e receber uma conta:

- **bill***[BE]* > conta
- **cash** > dinheiro
- **change** > troco
- **check***[AE]* > conta
- **cheque** > cheque
- **credit card** > cartão de crédito
- **currency** > moeda do país

- **money** > dinheiro
- **receipt** > recibo/nota fiscal
- **service charge/tax** > taxa de serviço
- **subtotal** > total parcial (sem o serviço)
- **tip** > gorjeta
- **total** > total
- **traveller's cheque** > cheque de viagem

2. EXPLAINING THE BILL
EXPLICANDO A CONTA

Em caso de dúvida, peça ao **cashier** (caixa do hotel) para explicar sua conta. Para pedir um esclarecimento sobre um determinado item faça a pergunta:

- **What's this charge for?**
  > O que é cobrado aqui? **Ou**
- **What are you charging in this item?**
  > O que está sendo cobrado neste item?
- **Is service included?**
  > A taxa de serviço está incluída?

E as possíveis respostas:

- **This charge is for laundry service.**
  > Essa cobrança é por serviço de lavanderia.
- **This is the service charge at... percent.**
  > Essa é a taxa de serviço a... por cento.

Se houver algum erro na conta, você poderá dizer:

- **There is a mistake here. I didn't have this.**
  > Há um erro aqui. Não consumi isso.

23 DIÁLOGO PRÁTICO

A: Good morning. May I help you?

B: Yes, please. I am leaving now. Here is my key.

A: Did you have anything from the mini-bar last night?

B: Just some juice.

A: I'll check with the housekeeper. How are you going to pay?

B: By Master Card.

A: Please, sign here. Here is a copy of your expenses.

B: Is tax included?

A: Yes, it is. Have a nice trip.

B: Thank you. Goodbye.

CAPÍTULO 14

NEEDING HELP I
PRECISANDO DE AJUDA I

Quando no exterior, há uma série de coisas para as quais você vai precisar de ajuda no dia a dia. Vamos começar com os telefonemas, que são, com certeza, muito importantes para a sua comunicação local ou internacional.

A. TELEPHONE SERVICES
SERVIÇOS TELEFÔNICOS

1. INTERNATIONAL CALLS
TELEFONEMAS INTERNACIONAIS

Ao utilizar os serviços da telefonista para ligações internacionais, as principais perguntas e respostas de ambas as partes, poderão ser:

- **I'd like to make an international phone call.**
  > Preciso fazer um telefonema internacional.
- **What is the international access code?**
  > Qual é o código de acesso internacional?
- **The international access code is 00.**
  > O código de acesso internacional é 00.
- **What's the country area code?** > Qual é o código de área do país?
- **The country area code is 33.** > O código de área do país é 33.

- **What's the area code?** > Qual é o código de área?
- **The state area code is...** > O código de área do estado é ...
- **May I have directory assistance, please?**
  > Posso usar o auxílio à lista, por favor?

24 **DIÁLOGO PRÁTICO**

A: Good afternoon. May I help you?

B: Yes, I want to make an international call.
What is the international access code?

A: The international access code is 00 21.

B: Could you check what the area code for France is?

A: Hold on a moment... It's 33.

B: And what's the city code for Paris?

A: It's 1.

B: Thank you very much.

2. LOCAL PHONE CALLS
TELEFONEMAS LOCAIS

Quando tiver que fazer telefonemas locais para agências ou empresas locais, geralmente uma recepcionista irá atendê-lo/a. As trocas mais comuns de expressões são:

- **(Name of Agency/Company) May I help you?**
  > (nome da agência) Posso ajudá-lo/a?
- **I'd like to talk to Mr./Mrs./Ms., please.**
  > Gostaria de falar com o Sr./a Sra./a Srta, por favor.
- **I 'll put you through.** > Vou transferir a ligação.
- **Hold on, please.** > Aguarde, por favor.

- **There is no answer.** > Ninguém atende.
- **The office line is busy. Could you hold on for a moment?** > A linha do escritório está ocupada. Poderia esperar um momento?
- **I will try to find him.** > Vou tentar achá-lo.
- **Mr. Korr is not in his office at the moment.** > O sr. Korr não está em seu escritório no momento.
- **Mrs. Williams went out.** > A sra. Williams saiu.
- **Could you leave a message, please?** > Poderia deixar recado, por favor?

25 DIÁLOGO PRÁTICO

A: M&F Agency. May I help you?

B: Yes, I'd like to speak to Mrs. Fox, please.

A: Hold on for a moment. I'll put you through.

B: Thank you very much.

26 DIÁLOGO PRÁTICO

A: Brent's Studios. May I help you?

B: Yes, please. I'd like to talk to Mr. Brent.

A: I'm sorry, but the line is busy right now.

B: OK. I'll hold on.

(Depois de alguns momentos)

A: The line is still busy. Would you like to leave a message?

B: Yes, please. Ask him to call me back. My name is Viviane Costa and my phone number is....

TIP TIME

- **mobile phone** > telefone celular
- **pay phone** > telefone público
- **video phone** > videofone
- **directory** > lista telefônica
- **directory assistance** > auxílio à lista

3. WRONG NUMBER NÚMERO ERRADO

Se você errar o número, não deixe de ser educado/a, e saiba como pedir desculpas se isso acontecer:

- **I'm sorry, but you dialed the wrong number.** > Sinto muito, mas você ligou para o número errado.
- **Oh, I'm sorry.** > Oh, me desculpe.

B. FEELING SICK/ACHES SENTINDO-SE DOENTE/DORES

Se você tiver algum tipo de indisposição, e necessitar de remédios ou mesmo de um médico ou dentista, é importante saber como pedir ajuda nesse sentido. Lembra-se das partes do corpo humano que aprendeu no capítulo 3? É bom revê-las antes de passar adiante, não acha?

1. COMMON SYMPTOMS SINTOMAS COMUNS

Aprenda agora os sintomas mais comuns relacionados a problemas de saúde:

- **back pain** > dor nas costas
- **chest pain** > dor no peito
- **cold** > resfriado
- **cough** > tosse
- **fever/temperature** > febre
- **headache** > dor de cabeça
- **indigestion** > indigestão
- **sore throat** > dor de garganta
- **stomachache** > dor de estômago

Embora a sua agência brasileira deva ter lhe dado a cobertura de um plano de saúde internacional, veja algumas perguntas que irão lhe fazer sobre o seu estado e os pedidos de ajuda para profissionais da área de saúde. Assim, você vai poder explicar a sua ausência em um apontamento ou sessão na sua área de trabalho.

- **What's the matter?** > Qual é o problema?
- **What do you feel?** > O que você sente?
- **How do you feel?** > Como você se sente?
- **What are your symptoms?** > Quais são os seus sintomas?
- **What happened?** > O que aconteceu?
- **Can you get me a doctor/a dentist?**
  > Pode me arranjar/conseguir um médico/dentista?
- **I am ill/I feel sick.** > Estou doente.
- **I feel dizzy** > Estou tonta.
- **I have a headache/toothache**
  > Estou com dor de cabeça/dor de dente.
- **I have a cold/the flu.** > Estou com um resfriado/gripe.
- **I have got a temperature**. > Estou com febre.
- **I have an upset stomach.** > Meu estômago está desarranjado.

- **I sprained my leg.** > Eu torci a perna.
- **What should I do?** > O que devo fazer?
- **Get this prescription filled and go to bed.**
  > Peça para aviarem essa receita e vá para a cama.

Se tiver que ir à farmácia e pedir para aviar uma receita ou pedir um medicamento específico, aprenda as frases abaixo:

- **Could you fill this prescription for me, please?**
  > Poderia aviar essa receita para mim, por favor?
- **Can you give me something for a rash?**
  > Poderia me dar alguma coisa para uma erupção?

2. MEDICINE
REMÉDIOS

Se você não levou ou esqueceu em sua bagagem os medicamentos mais corriqueiros, cuja venda é permitida em **drugstores/pharmacies** (drogarias/farmácias), conheça os nomes dos remédios mais comuns:

- **aspirin** > aspirina
- **antacid** > antiácido
- **ointment** > pomada
- **decongestant** > descongestionante
- **antiskeptical** > antisséptico
- **digestive tablet** > comprimido digestivo
- **drops** > gotas
- **eye drops** > colírio
- **medicated lozenges** > pastilhas para alívio da garganta
- **painkiller** > analgésico
- **tablet/pill** > comprimido

TIP TIME

- **first-aid kit** > estojo de primeiros socorros
- **bandage** > atadura
- **cotton** > algodão
- **sticking plaster** > esparadrapo
- **thermometer** > termômetro

27 DIÁLOGO PRÁTICO

A: Are you being helped?

B: No. I need this prescription filled.

A: You can pick it up in about an hour.

B: I have a sore throat. Can you give me something for it?

A: Try these medicated lozengeles.

B: I also need some eyedrops.

A: Here you are. Is that all?

B: Yes, thank you very much. I'll come back for the prescription medicine.

C. ASKING FOR OUTDOOR DIRECTIONS
PEDINDO ORIENTAÇÕES EXTERNAS

Precisa comprar remédios ou alguma outra coisa? Se você estiver no exterior e necessitar de orientação sobre onde fica algum estabelecimento ou como chegar até ele, as perguntas sobre esse tópico podem ser feitas no hotel ou a algum transeunte na rua. Lembre-se de que qualquer tipo de informação deverá ser solicitada de maneira educada. Portanto, ao abordar uma pessoa estranha, é necessário usar a expressão:

- **Excuse me, sir/madam...** > Com licença, senhor/senhora...

Veja na sequência outras perguntas pertinentes ao tópico:

- **Where is...?** > Onde fica...?
- **How do I get to...?** > Como eu chego a...?
- **Is there a... near here?** > Há um/uma... perto daqui?

Exemplos:

- **Where is the shopping center/mall?**
  > Onde fica o shopping center?
- **How do I get to the nearest drugstore?**
  > Como eu chego à drogaria mais próxima?
- **Is there a subway/underground station near here?**
  > Há uma estação de metrô aqui perto?
- **Can you tell me how to get to...?**
  > Você pode me dizer como chegar ao...?
- **Do you know how to get to...?** > Você sabe como chegar até...?

As seguintes expressões são normalmente usadas para dar orientações externas, acompanhe no esquema ao lado:

1. **in front of** > em frente de (como **M** em frente de **E**)
2. **between** > entre (como **B** entre **A** e **C**)
3. **behind of** > atrás de (como **B** atrás de **E**)
4. **next to** > perto de
5. **beside of** > ao lado de (como **D** ao lado de **E**)
6. **across from** > do outro lado (como **P** do outro lado de **W**)
7. **on the corner** > na esquina (como **J** – ou F, N e S estão na esquina)
8. **on the right** > à direita (como **L** à direita de **K**)
9. **on the left** > à esquerda (como **J** à esquerda de **K**)

10. go down > siga pelo/pela (como a flecha indicativa **10**)

11. pass the > passe o/a (como seguir a flecha **11** além de **G**)

12. turn right > vire à direita (como a flecha indicativa **12**)

13. turn left > vire à esquerda (como a flecha indicativa **13**)

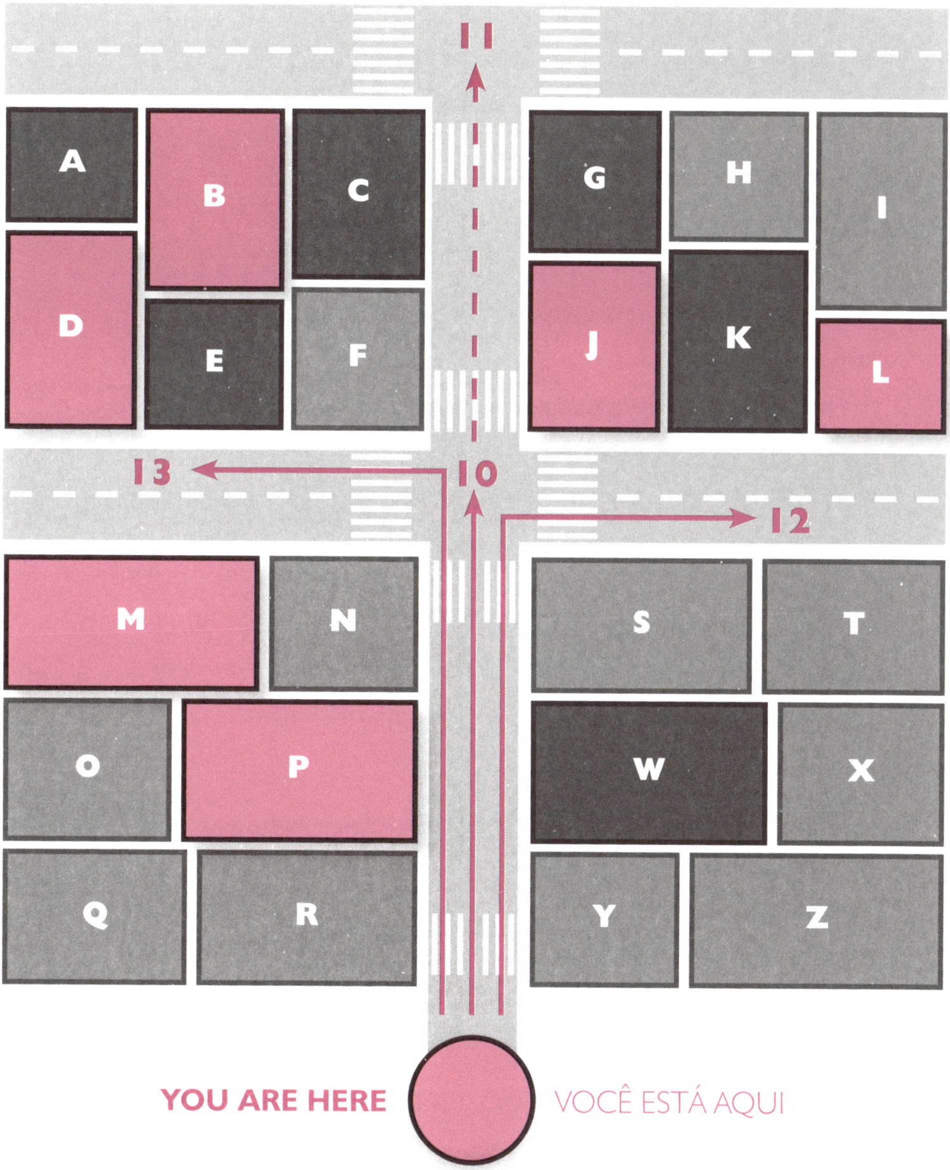

TIP TIME

- **department store** > loja de departamentos
- **diner** > lanchonete
- **bank** > banco
- **boutique** > boutique
- **convention center** > centro de convenções
- **factory outlet** > loja de fábrica
- **hotel** > hotel
- **post office** > correio
- **shopping center/mall** > shopping center
- **subway station** > estação de metrô
- **supermarket** > supermercado

28 DIÁLOGO PRÁTICO

A: Excuse me. How do I get to the subway station?

B: Go down this street. Turn left and walk down a block. The subway station is on the corner, next to the bank.

A: How long does it take to get there?

B: It takes about ten minutes.

A: Thank you very much.

B: You are welcome.

TIP TIME

Profissionais de uma loja:

* **assistant manager** > assistente de gerente
* **cashier** > caixa
* **customer/client** > cliente
* **manager** > gerente
* **sales girl** > vendedora (senhorita)
* **sales man** > vendedor
* **sales woman** > vendedora (senhora)

HOW LONG...? > QUANTO TEMPO...?

Para perguntar quanto tempo vai durar uma ação, a expressão mais usada é:

- **How long does it take?**
  > Quanto tempo leva?

Exemplos:

- **How long does it take to go to downtown by subway?**
  > Quanto tempo leva para ir à cidade de metrô?
- **It takes about twenty-five minutes.**
  > Leva cerca de vinte e cinco minutos.

Quanto melhor você puder seguir as regras da boa educação no exterior, mais fácil será a sua adaptação. Saber pedir as coisas de forma educada, faz parte desse processo.

NOTA GRAMATICAL

REQUESTS/SUGGESTIONS PEDIDOS/SUGESTÕES

O verbo **to want** (querer), embora seja a forma menos educada de pedir alguma coisa em inglês, é bastante frequente na comunicação diária, como nesta frase:

- **I want a fashion magazine, please.**
  > Eu quero uma revista de moda, por favor.

Para formas mais educadas de pedir algo, você pode usar **could** (poderia) ou **can** (pode), sempre no início da pergunta. O **can** é mais informal do que **could**. Veja alguns exemplos de pedidos:

Exemplos:

- **Can I have an agency catalog, please?**
  > Pode me dar um catálogo da agência, por favor?
- **Could I have a coffee, please?**
  > Poderia me trazer um café, por favor?

Se deseja pedir uma sugestão, poderá dizer:

- **What do you recommend?** > O que você recomenda?
- **What do you suggest?** > O que você sugere?

A resposta pode ser:

- **I recommend...** > Eu recomendo...
- **I suggest...** > Eu sugiro...

Exemplos:

- **I need sunglasses.** > Preciso de óculos de sol.
- **What's in fashion?** > O que está na moda?
- **What do you recommend?** > O que você recomenda?

SOME, ANY AND COMPOUNDS *SOME*, *ANY* E COMPOSTOS

É importante que você conheça as palavras abaixo, pois são bastante usadas quando se trata de solicitações.

- **some** > algum, alguns, alguma, algumas
- **any** > nenhum, nenhuma, algum, alguns, alguma, algumas
- **something** > alguma coisa
- **anything** > alguma coisa, nada
- **somebody** > alguém
- **anybody** > alguém, ninguém

Some, **something** e **somebody** são geralmente usadas em frases afirmativas. Porém, se você quiser oferecer alguma coisa esperando uma resposta afirmativa, poderá usar **some** na forma interrogativa:

- **I'd like some eye drops, please.**
  > Eu gostaria de um colírio, por favor.
- **Would you like something?**
  > Gostaria de alguma coisa?
- **Can somebody help me?**
  > Alguém pode me ajudar?

Você deverá usar **any**, **anything** e **anybody** em frases negativas e interrogativas:

- **Sorry, I don't want any jackets.**
  > Desculpe, não quero nenhuma jaqueta.
- **Do you have any raincoats?**
  > Vocês têm alguma capa de chuva?
- **Do you need anything?**
  > Você precisa de alguma coisa?

29 DIÁLOGO PRÁTICO

A: Is anybody helping you?

B: No, I'm looking for a navy blue raincoat.

A: I think we are out of your size. Anything else?

B: Yes, I also need a purple sweater.

A: What size?

B: Size 8.

A: I'm sorry. We have your size but not in that color.

B: Thanks, bye, bye.

CAPÍTULO 15

NEEDING HELP II
RECISANDO DE AJUDA II

A. FLIGHTS RESERVATIONS
RESERVA DE VOOS

Atualmente a maioria das reservas e compras de passagens é feita pela internet.

Em todo caso, se você tiver que fazer uma reserva ou confirmação de voos no exterior por telefone, é importante conhecer o vocabulário e algumas expressões relacionadas a essa tarefa:

- **check in time** > horário do *check in*
- **flight fares** > tarifas de voo
- **number of passengers** > número de passageiros
- **to book a flight** > reservar um voo
- **to book a seat** > reservar um assento/lugar
- **to make a cancellation** > fazer um cancelamento de voo
- **to make a flight confirmation** > fazer uma confirmação do voo
- **to make a flight reservation** > fazer uma reserva de voo
- **to miss the flight** > perder o voo

1. AIRLINE TICKETS
PASSAGENS AÉREAS

Conheça algumas palavras relacionadas a passagens aéreas:

- **airline company** > companhia aérea
- **arrival date** > data da chegada
- **departure date** > data da partida
- **direct/non-stop flight** > voo direto (com/sem paradas)
- **executive class** > classe executiva
- **economy class** > classe econômica
- **first class** > primeira classe
- **flight ticket** > passagem aérea
- **one way** > só ida ou só volta
- **return trip** > viagem de ida e volta
- **time of flight** > hora do voo

As expressões mais usadas para seus pedidos são:

- **I'd like to book a flight to...** > Gostaria de reservar um voo para...
- **Is there a flight to tomorrow, please?**
  > Há um voo para amanhã, por favor?
- **Is it a direct flight or do I have to change planes?**
  > É um voo direto ou terei que mudar de avião?
- **What terminal does it leave from?** > De que terminal parte?
- **Is there an airport bus?** > Há um ônibus do aeroporto?
- **Can I have a window/aisle seat?**
  > Posso ter um assento na janela/corredor?
- **What time do I have to check in?**
  > A que horas devo fazer o check in?
- **What time does it take off?** > A que horas parte/decola?
- **What time does it land?** > A que horas chega/aterriza?

- **How long is the flight?** > Quanto tempo dura o voo?
- **Do they serve anything?** > Eles servem alguma coisa?
- **I'd like to book a seat on the Friday flight to Taiwan.** > Gostaria de reservar um assento no voo de sexta-feira para Taiwan.
- **I'd like to book a return flight to New York on May 9th.** > Gostaria de reservar um voo de ida e volta para Nova York no dia 9 de maio.
- **I'd like to confirm my flight.** > Gostaria de confirmar meu voo.
- **When is the next flight to Paris?** > Quando é o próximo voo para Paris?
- **How much is a return flight to Los Angeles?** > Quanto é um bilhete de ida e volta para Los Angeles?
- **Are there direct flights to New York?** > Há voos diretos para Nova York?

30 DIÁLOGO PRÁTICO

A: Good morning. May I help you?

B: Yes, I'm going to travel to Milan. I'd like to book a flight.

A: Yes, sir. When would you like to travel?

B: On Thursday evening.

A: One way or return trip?

B: Return.

A: How many people?

B: One adult.

A: First class or economy?

B: Economy.

A: Could you wait a minute? I'll check availability.

B: Certainly. Thank you very much.

31 DIÁLOGO PRÁTICO

A: Northeast Airlines. Can I help you?

B: I'd like to reconfirm my flight.

A: May I have your name and flight number, please?

B: My name is Aline Barretos.

A: And your destination?

B: Bankok. Flight number 2273.

A: Hold on, please. All right. Your seat is confirmed, Ms. Barretos. Please check in at least one hour before departure time.

B. GOING SHOPPING
INDO ÀS COMPRAS

Vamos às compras! Sempre há alguma coisa faltando. Se você precisar comprar alguma coisa veja as expressões mais comuns em inglês, para não se atrapalhar em uma loja:

- **Is anyone helping you?** > Há alguém atendendo você?
- **I saw a... in the window.** > Vi um/uma... na vitrine.
- **I am looking for a...** > Estou procurando um/uma...
- **Can I try it/them on?** > Posso prová-lo/prová-los?
- **Yes, please. Go to the fitting room.**
  > Sim, por favor. Vá até o provador.
- **Have you got it/them in blue?** > Você tem isso/esses em azul?
- **We have your size but not in that color**
  > Temos o seu tamanho mas não nessa cor.
- **Have you got it in another color?** > Você tem isso em outra cor?
- **I take a size 10.** > Meu número é 10.

- **Do you have this in a bigger size?**
  > Você tem este/a em um número maior?
- **Do you have this in small/medium/large/extra large size?** > Você tem este/a em tamanho P/M/G/GG?
- **Does it/they fit?** > Serve/servem?
- **They fit/it fits** > Eles/elas servem. Ele/ela serve.
- **They're/It's the right size.** > Estão/Está no tamanho certo.
- **They fit great.** > Eles servem muito bem.
- **They suit/It suits you.** > Eles ficam bem./ Fica bem em você/na sra./no sr.
- **How much is that?** > Quanto custa isso?
- **I'll take it/them, please.**
  > Vou levar este/estes, por favor.
- **I want to buy it/them.**
  > Quero comprar este/estes.
- **I'll leave it/them, thanks.**
  > Vou deixar este/estes, obrigado/a.
- **I don't want to buy it/them.**
  > Não vou comprá-lo/la / los/las.
- **Why don't you like it/them?**
  > Por que não gosta deste/destes?
- **What's wrong with it/them?**
  > O que há de errado com este/estes?

Nota: O verbo **to get/got** é muito usado em inglês, principalmente em expressões, com os mais diferentes significados. Um dos mais comuns é no sentido de haver, que aparece nas frases acima. Consulte o dicionário para ampliar seu conhecimento do mesmo.

Reveja as tabelas com os tamanhos de roupas no capítulo 3 (p.60-61) e calçados no capítulo 4 (p.67).

1. PAYING THE BILL
PAGANDO A CONTA

Hora de pagar as mercadorias compradas! Dirija-se ao **cashier** (caixa). Você já deve ter visto os preços nas **tags** (etiquetas) e precisa saber o total da compra. Use as seguintes expressões:

- **How much is this?** > Quanto custa isto?
- **It's too expensive!** > É muito caro!
- **Excuse me, where do I pay?** > Com licença, onde eu pago?
- **Please go to the cashier.** > Por favor, vá até o caixa.
- **What's the price on this with tax?**
  > Qual é o preço disso com a taxa (imposto)?

32 DIÁLOGO PRÁTICO

A: Is anyone helping you?

B: No. I'm looking for a raincoat.

A: What size are you?

B: I'm size 8.

A: What color would you like?

B: Black or navy blue.

A: Sorry, but we only have got it in grey and red your size.

B: Can you order it for me?

A: Certainly. Just give me you name, address and cell phone.

B: Thank you very much.

A: You're welcome.

NOTA GRAMATICAL

MORE ACTIONS IN THE PAST MAIS AÇÕES NO PASSADO

a. PRESENT PERFECT TENSE

Você aprendeu anteriormente que há várias formas de indicar ações no passado em inglês. A seguir você vai aprender a usar o **Past Perfect** (passado perfeito). É bastante usado em inglês para indicar que uma ação aconteceu num momento indefinido no passado, ou que o efeito da ação continua no presente. Para saber usar os verbos no passado perfeito corretamente, você precisará memorizar o particípio passado.

b. FORM: AUXILIARY HAVE + PAST PARTICIPLE OF MAIN VERB

FORMAÇÃO: AUXILIAR *HAVE* + PARTICÍPIO PASSADO DO VERBO PRINCIPAL

Os verbos no particípio passado também podem ser regulares ou irregulares. Os verbos regulares são aqueles em que o particípio passado é formado acrescentando-se um **ed** ou **d** ao fim do verbo. Veja como ficam alguns verbos regulares no particípio passado:

c. REGULAR VERBS

VERBOS REGULARES

Infinitivo	Passado	Particípio Passado
to ask > perguntar	**asked**	**asked**
to answer > responder	**answered**	**answered**
to cancel > cancelar	**canceled**	**canceled**

to stay > permanecer/ficar	**stayed**	**stayed**
to wait > esperar	**waited**	**waited**
to talk > falar/conversar	**talked**	**talked**
to introduce > apresentar	**introduced**	**introduced**
to order > ordenar	**ordered**	**ordered**
to want > querer	**wanted**	**wanted**

Exemplos do verbo **to work** (trabalhar) nas formas afirmativa, interrogativa e negativa:

- **I have worked** > Eu trabalhei/tenho trabalhado.
- **Have I worked?** > Eu trabalhei?
- **I haven't worked.** > Eu não trabalhei.

Nota: Quando se trata de comunicação oral, geralmente a forma usada é a abreviada: **I've worked. They've travelled.**

d. IRREGULAR VERBS
VERBOS IRREGULARES

Verbo **TO GO – WENT – GONE**

Exemplo:

- **He has gone to the agency.** > Ele foi à agência.

Não diz quando, esta é a característica deste tempo verbal.

- **He hasn't (has not) gone to the agency.** > Ele não foi à agência.
- **Has he gone to the agency?** > Ele foi à agência?

Vamos comparar o **Simple Past** (Passado Simples) e o **Past Perfect** (Passado Perfeito)

- **Did she work yesterday?** > Ele trabalhou ontem?
- **Has she worked?** > Ela trabalhou/tem trabalhado?

TIP TIME

As principais palavras que indicam ações no passado perfeito são:

- **for** > por/durante
- **since** > desde
- **already** > já
- **yet** > ainda
- **just** > acabar de

Exemplos:

- **Mr. Ferrer has worked here for five years.**
  > O sr. Curtis trabalhou aqui durante cinco anos.
- **This photographer has taken her photos since 2002.**
  > Esse fotógrafo tirou suas fotos desde 2002.
- **I have already gone to Milan,** > Eu já fui a Milão.

C. MORE FORMS OF BEING POLITE
MAIS FORMAS DE SER EDUCADO

1. COMPLAINTS
RECLAMAÇÕES

Se você precisar reclamar de alguma coisa, saiba também como fazê-lo de maneira correta. A seguir exemplos de reclamações e os costumeiros pedidos de desculpas:

- **There aren't enough hangers.** > Não há cabides suficientes.

- **I'm sorry. I'll see to it immediately.**
  > Sinto muito. Vou tratar disso imediatamente.
- **These shoes are too small.** > Estes sapatos são pequenos demais.
- **I am sorry. I'll get you another pair.**
  > Desculpe, vou pegar um outro par.
- **There is a hole in this dress.** > Há um buraco neste vestido.
- **I'm sorry miss. I'll check right away.**
  > Sinto muito, senhorita. Verificarei imediatamente.
- **The hairdryer is not working.**
  > O secador de cabelo não está funcionando.
- **I'm sorry, miss. I will contact the technician immediately.**
  > Sinto muito, senhorita. Vou contatar o técnico imediatamente.

2. ACCEPTING AND REFUSING INVITATIONS
ACEITANDO E RECUSANDO CONVITES

Quando você receber algum convite, veja como pode se expressar educadamente para aceitar ou recusá-lo:

- **Can you come to my party on wednesday?**
  > Você pode vir à minha festa na quarta-feira?
- **That sounds good.** > Está ótimo.
- **Yes, it's ok with me.** > Sim, está ótimo para mim.
- **Yes, of course!** > Sim, com certeza!
- **Sorry, but I can't.** > Desculpe, mas não posso.
- **I'm afraid I can't.** > Sinto muito, mas não posso.
- **Sorry, I cannot. On Wednesday I must go to bed early**
  > Sinto muito, não posso. Tenho que dormir cedo na quarta-feira.
- **I have an appointment very early on Thursday.**
  > Tenho um compromisso muito cedo na quinta-feira.

- **Sorry, but I'm fully booked this week.**
  > Desculpe, mas estou ocupado/a esta semana toda.

3. GIVING REASONS
DANDO EXPLICAÇÕES

Quando quiserem lhe pedir uma explicação, com certeza irão usar a pergunta

- **Why…?** > Por que…?

Para dar uma explicação, usa-se

- **Because…** > Porque….

Exemplo:

- **Why were you late for the photo shooting?**
  > Por que você se atrasou para as fotos ?
- **Because there was a traffic jam, sir.**
  > Porque houve um congestionamento no trânsito, senhor.

4. APOLOGIZING
PEDINDO DESCULPAS

Além de explicações, é importante às vezes acrescentar um pedido de desculpas ou saber como aceita-las.

Essas são as expressões mais usadas, em inglês:

- **I'm sorry.** > Sinto muito.
- **I'm really sorry.** > Sinto muito, mesmo.
- **I'm terribly sorry.** > Sinto muitíssimo.
- **Sorry for the inconvenience.** > Desculpe pelo transtorno.

Exemplos:

- **I'm really sorry, but I think I have lost the scarf you lent me.**
  > Sinto muito, mas acho que perdi a echarpe que você me emprestou.
- **I'm terribly sorry, but I have left your pen somewhere.**
  > Sinto muito mesmo, mas esqueci sua caneta em algum lugar.

Se você tiver que responder ao pedido de desculpas poderá dizer:

- **Never mind/Don't worry!** > Não se preocupe.
- **It's ok.** > Tudo bem!
- **Just forget about it.** > Esqueça isso.

33 DIÁLOGO PRÁTICO

A: Hi Andressa, how are you? Long time no see...

B: I've been really busy with the new commercial.

A: I've heard it's going to be great!

B: I hope so!

A: Could you come to my party on Thursday?

B: I'm really sorry, but I have to be on the set early on Friday.

A: It's ok. Maybe next time.

B: Thanks for the invitation. Bye, Bye!

CAPÍTULO 16

SOCIALIZING
VIDA SOCIAL

A. GOING TO PARTIES
INDO A FESTAS

Há vários tipos de **parties** (festas) que fazem parte dos eventos de moda. Se você for desfilar no exterior, com certeza irá participar de várias. Aprenda os nomes, em inglês, das mais comuns e divirta-se.

1. KIND OF PARTIES
TIPOS DE FESTAS

- **cocktail party** > coquetel
- **dinner party** > jantar
- **dinner/dance party** > jantar dançante
- **lunch party** > festa com almoço
- **opening party** > festa de abertura
- **post-show party** > festa pós-show
- **pre-show party** > festa de pré-show
- **product launch party** > festa de lançamento de um produto

Vai participar de uma festa? Recebeu um convite para um almoço ou jantar? Além de se lembrar dos "bons modos" à mesa, aprenda ou reveja os nomes em inglês, de tudo o que se refere a bebidas e alimentos. Antes de tudo, os nomes das refeições:

B. MEALS
REFEIÇÕES

- **breakfast** > café da manhã
- **lunch** > almoço
- **brunch** > *brunch* – mistura de almoço e café da manhã
- **snack** > lanche
- **dinner** > jantar

1. BREAKFAST
CAFÉ DA MANHÃ

Fazem parte de um menu básico de café da manhã os seguintes itens:

- **bread** > pães
- **butter** > manteiga
- **cake** > bolo
- **cereal** > cereal
- **cheese** > queijo
- **coffee** > café
- **cold cuts** > frios
- **eggs** > ovos

TIP TIME

Você pode pedir seus ovos da seguinte maneira:

* **cooked** > cozido
* **omellete** > omelete
* **scrambled** > mexido
* **poached** > pochê

2. SNACKS
LANCHES

Não estranhe! Na hora do almoço, em muitos países, as pessoas, principalmente quem trabalha fora, costumam fazer apenas um lanche, composto principalmente por sanduíches e hambúrgueres. Os lanches mais comuns são:

- **beef burger** > hambúrguer de carne
- **cheeseburger** > hambúrguer com queijo
- **chicken burger** > hambúrguer de frango
- **french fries** > batata frita
- **ham and cheese sandwich** > sanduíche de presunto e queijo (misto)
- **hamburger** > hambúrguer
- **hot dog** > cachorro-quente
- **natural stuffed sandwich** > sanduíche natural
- **pizza** > pizza
- **sandwich** > sanduíche
- **salad** > salada
- **fruit** > frutas
- **hot chocolate** > chocolate quente

- **juice** > suco
- **margarine** > margarina
- **milk** > leite
- **tea** > chá
- **youghurt** > iogurte

34 DIÁLOGO PRÁTICO

- **A:** Good afternoon, sir. Are you ready to order?
- **B:** What kind of sandwiches do you have?
- **A:** There are ham and cheese, tuna and natural stuffed sandwiches.
- **B:** I would like a tuna sandwich.
- **A:** Anything else?
- **B:** An orange juice, please.

3. FRUIT
FRUTAS

Aprenda os nomes das frutas mais conhecidas:

- **apple** > maçã
- **avocado** > abacate
- **cherry** > cereja
- **grapes** > uvas
- **lemon** > limão
- **melon** > melão
- **orange** > laranja
- **peach** > pêssego
- **pear** > pera

- **pineapple** > abacaxi
- **strawberry** > morango
- **watermelon** > melancia

TIP TIME

Quando quiser dizer o nome de um suco de fruta, você deverá dizer o nome da fruta seguido da palavra **juice** (suco) como, **orange juice** (suco de laranja) e **watermelon juice** (suco de melancia).

C. AT THE RESTAURANT
NO RESTAURANTE

Tanto em festas como em restaurantes, há um vocabulário básico importante de aprender, até porque, pela sua profissão, você deve manter uma dieta adequada. Saiba quais são as pessoas que vão atender aos seus pedidos e os principais utensílios que vai utilizar durante uma refeição.

1. THE RESTAURANT STAFF
OS FUNCIONÁRIOS DO RESTAURANTE

Num restaurante, os principais cargos são:

- **busboy/busgirl AME** > encarregado de limpar a mesa
- **chef** > chefe de cozinha
- **cook** > cozinheiro
- **head waiter/maître** > maitre
- **sommelier** > *sommelier* – especialista em vinho
- **waiter** > garçom
- **waitress** > garçonete

2. TABLEWARE
UTENSÍLIOS DE MESA

- **cup** > xícara
- **fork** > garfo
- **glass** > copo
- **knife** > faca
- **napkin** > guardanapo
- **plate** > prato
- **saucer** > pires
- **tablecloth** > toalha de mesa

TIP TIME

- **salt** > sal
- **salt shaker** > saleiro
- **pepper** > pimenta
- **sugar** > açúcar
- **sweetener** > adoçante

Para facilitar o seu estudo, vamos apresentar as partes de um cardápio ou menu, que irão lhe ajudar tanto numa festa como em restaurantes, lanchonetes ou pedidos no próprio hotel:

D. THE MENU
O CARDÁPIO

1. LUNCH/DINNER
ALMOÇO/JANTAR

As principais partes de um cardápio são:

- **aperitifs/cocktails** > aperitivos/coquetéis
- **appetizers and openers** > antepastos e entradas
- **soups** > sopas
- **salads** > saladas
- **main course** [BE]/**entrées**[AE] > prato principal
- **side orders** > acompanhamentos
- **desserts** > sobremesas
- **beverages** > bebidas

2. APPERITIFS/COCKTAILS/BEVERAGES
APERITIVOS/COQUETÉIS/BEBIDAS

As bebidas podem ser **alcoholic** (alcoólicas) e **non alcoholic** (não alcoólicas). Conheça primeiro as bebidas não alcoólicas mais comuns:

- **coke** > Coca-Cola
- **fruit juice** > suco de fruta
- **milk-shake** > milk-shake
- **mineral still water** > água mineral sem gás
- **soda** > refrigerante
- **sparkling water** > água mineral com gás
- **tonic water** > água tônica

TIP TIME

O termo genérico para bebidas não alcoólicas é **soft drinks**. Para refrigerantes em geral, usa-se a palavra **soda**.

Conheça os nomes de algumas bebidas alcoólicas:

- **beer** > cerveja
- **draft beer** > chope
- **liqueur** > licor
- **red wine** > vinho tinto
- **rosé wine** > vinho rosé
- **vodka** > vodca
- **whisky** > uísque
- **white wine** > vinho branco

TIP TIME

Os aperitivos podem ser servidos:

- **on the rocks** > com gelo
- **straight** > puro
- **with ice and lemon** > com gelo e limão

Para oferecer, aceitar ou recusar alguma bebida ou comida, as expressões mais comuns são:

- **Can I get you something to drink?**
  > Posso arranjar-lhe alguma coisa para beber?
- **Yes, please. I'd like a glass of red wine.**
  > Sim, por favor. Eu gostaria de um copo de vinho tinto.
- **No, thanks. I'm fine.** > Não obrigada. Estou bem.

- **Would you like something to eat?**
  > Gostaria de alguma coisa para comer?
- **Would you like to order a drink?**
  > Gostaria de pedir uma bebida?
- **What would you like to drink/to eat?**
  > O que gostaria de beber/comer?

3. APPETIZERS
ANTEPASTOS

Conheça os nomes de alguns antepastos em inglês:

- **cashew nuts** > castanhas de caju
- **dry tomato** > tomate seco
- **hors d'oeuvres** > canapés
- **mixed nuts** > mistura de nozes e castanhas
- **patés/dips** > patês
- **peanuts** > amendoins
- **seasoned olives** > azeitonas temperadas

Nota: De acordo com o país, fazem parte dessa categoria saladas e sopas.

4. SOUPS
SOPAS

Os principais tipos de sopa são:

- **consomé** > consomé
- **chicken/beef broth** > caldo de frango ou carne
- **vegetables soup** > sopa de vegetais
- **French onion soup** > sopa francesa de cebolas
- **cream of...** > (sopa) creme de...

5. SALADS
SALADAS

Há uma infinidade de opções para os componentes de uma salada, e eles variam de acordo com as diferentes nacionalidades e gostos. Veja as saladas mais comuns:

- **potato salad** > maionese de batatas
- **chicken salad** > salpicão de frango
- **heart of palm salad** > salada de palmito
- **seafood salad** > salada de frutos do mar
- **vegetable salad** > salada de vegetais
- **Caesar's salad** > salada César
- **Waldorf salad** > salada Waldorf

6. MAIN COURSE ENTRÉES
PRATO PRINCIPAL

O prato principal, que nos USA mantém o nome em francês **entrée**, pode constar de:

- **meat** > carne
- **pastas** > massas
- **risottos** > risotos
- **salads** > salada
- **seafood** > frutos do mar

a. KINDS OF MEAT
TIPOS DE CARNE

Os principais tipos de **red meat** (carne vermelha) e **white meat** (carne branca) são:

- **beef** > carne de boi
- **chicken** > frango
- **fish** > peixe
- **lamb** > carneiro
- **pork** > carne de porco
- **turkey** > peru
- **veal** > carne de vitela

TIP TIME

WAYS OF COOKING MODOS DE COZIMENTO

* **baked/roast** > assado no forno
* **barbecued** > grelhado/churrasco
* **breaded** > empanado/à milanesa
* **broiled/grilled** > grelhado
* **cooked** > cozido
* **fried** > frito
* **stewed** > ensopado
* **steamed** > cozido no vapor

7. SIDE ORDERS ACOMPANHAMENTOS

Alguns dos acompanhamentos mais conhecidos são:

- **beans** > feijão
- **breaded bananas** > bananas fritas à milanesa
- **filled pastries** > pastéis recheados
- **french fries** > batata frita

- **fried yucca** > mandioca frita
- **rice** > arroz
- **polenta** > polenta
- **potatoes** > batatas
- **vegetables** > vegetais

8. VEGETABLES
LEGUMES

Os legumes e as hortaliças mais comuns são:

- **beetroot** > beterraba
- **broccoli** > brócolis
- **carrot** > cenoura
- **corn** > milho verde
- **cucumber** > pepino
- **eggplant/aubergine** > berinjela
- **lettuce** > alface
- **onion** > cebola
- **potato** > batata
- **pepper** > pimentão
- **tomato** > tomate

TIP TIME

Há dois termos relacionados com o tipo de alimentação:

Vegetarian/vegie (vegetariano) que no sentido mais restrito significa não ingerir carne de nenhum animal, embora alguns vegetarianos restrinjam somente a carne vermelha.

Vegan food/veganism é uma filosofia e estilo de vida que radicaliza excluindo qualquer produto desde a carne, queijo, laticínios, ovos, gelatina, bem como testes de laboratório, fazendas envolvendo animais e até roupas de origem animal.

9. DESSERTS
SOBREMESAS

- **cake** > bolo
- **cheesecake** > torta de queijo
- **éclair** > bomba de chocolate
- **fruit salad** > salada de frutas
- **ice cream** > sorvete
- **pie** > torta
- **tart** > torta doce

Às vezes nos perguntam do que gostamos e do que não gostamos. Sempre de forma educada, veja como você pode responder, em inglês:

LIKES and DISLIKES GOSTAR E NÃO GOSTAR

Exemplos:

- **I like fruit.** > Gosto de frutas.
- **What kind?** > De que tipo/espécie?
- **Oranges and strawberries.** > Laranjas e morangos.

- **Do you like swimming?** > Você gosta de nadar?
- **Yes, I do. I like it very much.** > Sim, gosto muito.
- **Do you like Chinese food?** > Você gosta de comida chinesa?
- **No, I don't.** > Não, não gosto.
- **Does Alex like salad?** > O Alex gosta de salada?
- **Yes, he does.** > Sim, gosta.
- **No, he doesn't.** > Não, não gosta.

35 DIÁLOGO PRÁTICO

A: What kind of food do you like?
B: I like Chinese food. What about you?
A: I like everything.
B: I don't like everything. I like healthy food.
A: Well, I don't like fast food. Do you like Italian food?
B: Yeah, it's okay.

CAPÍTULO 17

GRAMMAR ITEMS
SEGMENTO GRAMATICAL

A. POSSESSIVES PRONOUNS
PRONOMES POSSESSIVOS

Uma das maneiras de indicar que alguma coisa pertence a alguém é usar os adjetivos possessivos, que na língua portuguesa denominam-se pronomes possessivos:

- **my** > meu, minha, meus, minhas
- **your** > seu, sua, seus, suas
- **his** > dele
- **her** > dela
- **its** > dele, dela; usado para animais e objetos inanimados
- **our** > nosso, nossa, nossos, nossas
- **your** > seus, suas
- **their** > deles, delas

Exemplos:

- **What's your name?** > Qual é o seu nome?
- **My name is Andressa.** > Meu nome é Andressa.
- **What's his name?** > Qual é o nome dele?
- **His name is Alan.** > O nome dele é Alan.

- **Where is our car?** > Onde está o nosso carro?
- **Our car is here.** > Nosso carro está aqui.
- **Where are her photos?** > Onde estão as fotos dela?
- **Her photos are in that folder.** > As fotos dela estão naquela pasta.

TIP TIME

Em inglês, os adjetivos possessivos vêm sempre antes da coisa possuída:

* **my composite** > meu *composite*
* **your cell phone** > seu celular
* **her suitcase** > a mala dela
* **our clothes** > nossas roupas

Outra maneira de indicar a posse é colocar o nome da pessoa seguido de ' (apóstrofe) e depois, o objeto possuído:

* **Adrian's cell phone.** > O celular de Adrian.
* **Katia's pen.** > A caneta de Katia.
* **Mr. Green's suitcase.** > A mala do sr.Green.
* **The photographer's camera.** > A máquina fotográfica do fotógrafo.

B. PERSONAL PRONOUNS
PRONOMES PESSOAIS

Pronomes pessoais do caso reto:

- **I** > eu
- **you** > você
- **he** > ele
- **she** > ela

- **it** > isto (indica animais ou objetos)
- **we** > nós
- **you** > vocês
- **they** > eles ou elas

TIP TIME

I (eu) é sempre escrito com letra maiúscula.

C. VERB TO BE
SER/ ESTAR

O verbo **to be** pode gerar um pouco de confusão por ter dois significados: ser e estar. Aprenda primeiro como usá-lo na forma afirmativa:

- **I am** > Eu sou/estou.
- **You are** > Você é/está.
- **He is** > Ele é/está.
- **She is** > Ela é/está.
- **It is** > Isto é/está.
- **We are** > Nós somos/estamos.
- **You are** > Vocês são/estão.
- **They are** > Eles ou Elas são/estão.

TIP TIME

Podemos abreviar o verbo **to be** da seguinte forma:

* **I am > I'm**
* **you are > you're**
* **he is > he's**
* **she is > she's**
* **it is > it's**
* **we are > we're**
* **you are > you're**
* **they are > they're**

Exemplos:

* **I'm a model.** > Eu sou modelo.
* **She's a fashion editor.** > Ela é editora de moda.
* **They're photographers.** > Eles são fotógrafos.

Para construir uma frase negativa, você deve acrescentar a palavra not após a flexão do verbo **to be**:

- **I am not** > Eu não sou/estou
- **You are not** > Você não é/está
- **He is not** > Ele não é/está
- **She is not** > Ela não é/está
- **It is not** > Ele/Ela não é/está
- **We are not** > Nós não somos/estamos
- **You are not** > Vocês não são/estão
- **They are not** > Eles/elas não são/estão

TIP TIME

São muito comuns as seguintes abreviações

* **I am not > I'm not**
* **You are not > you aren't**
* **He is not > he isn't**
* **She is not > she isn't**
* **It is not > it isn't**
* **We are not > we aren't**
* **You are not > you aren't**
* **They are not > they aren't**

Exemplos:

* **I'm not a runway model.** > Eu não sou modelo de passarela.
* **She isn't a make-up artist.** > Ela não é uma maquiadora.
* **They aren't stylists.** > Eles não são estilistas.

Para fazer perguntas, o verbo **to be** vai para o início da frase. Observe os exemplos a seguir:

- **Am I?** > Eu sou/estou?
- **Are you?** > Você é/está?
- **Is he?** > Ele é/está?
- **Is she?** > Ela é /está?
- **Is it?** > Ele/Ela é/está?
- **Are we?** > Nós somos/estamos?
- **Are you?** > Vocês são/estão?
- **Are they?** > Eles/Elas são/estão?

- **Am I a model?** > Eu sou modelo?
- **Is she a fashion designer?** > Ela é *designer* de moda?
- **Are they stylists?** > Eles são estilistas?

TIP TIME

Em inglês, o uso do artigo indefinido **a/an** é indispensável antes do nome de uma profissão. Isso não ocorre na língua portuguesa, idioma no qual o uso desse artigo pode ser redundante.

D. THERE IS/THERE ARE
EXISTE/ EXÍSTEM/HÁ

A palavra **there** seguida de **is** ou **are** é muito usada para dizer que alguma coisa existe.

Quando referir-se a apenas uma coisa, use **there is** (há/existe). No entanto, se estiver falando sobre mais de uma coisa, você deverá usar **there are** (há/existem):

Exemplos:

- **There is a food court on the first floor.** > Há uma praça de alimentação no primeiro andar.
- **There are two photographic studios in the building.** > Há dois estúdios fotográficos no prédio.

Para perguntar se existe algo em algum lugar, coloca-se o verbo **to be** (**is** ou **are**) no começo da oração.

Veja exemplos de perguntas e respostas:

- **Is there a shoe shop here?** > Há uma loja de sapatos aqui?
- **Yes, there is.** > Sim, há.

- **Are there clothes shops nearby?** > Há lojas de roupas por perto?
- **Yes, there are.** > Sim, há.

Para dizer que não existe algo, acrescenta-se **not** depois de **is** ou **are**, ficando **there is not** (ou **there isn't**) e **there are not** (ou **there aren't**). As formas abreviadas são mais utilizadas na conversação.

Exemplos:

- **There isn't a runway coach here.**
  > Não há um treinador de passarela aqui.
- **There aren't fashion shows this week.**
  > Não há shows de moda esta semana.

E. ACTIONS IN THE PRESENT
AÇÕES NO PRESENTE

1. THE SIMPLE PRESENT
O PRESENTE SIMPLES

O presente simples é usado para indicar que uma ação ocorre no momento em que se fala, podendo ter diferentes graus de frequência. Conheça agora o verbo **to speak** (falar) no presente simples, nas formas afirmativa, negativa e interrogativa. A forma afirmativa é a seguinte:

- **I speak** > Eu falo.
- **You speak** > Você fala.
- **He speaks** > Ele fala.
- **She speaks** > Ela fala.
- **We speak** > Nós falamos.
- **You speak** > Vocês falam.
- **They speak** > Eles/Elas falam.

Exemplos:

- **I speak English.** > Eu falo inglês.
- **He speaks Spanish.** > Ele fala espanhol.

TIP TIME

Para **he** (ele) e **she** (ela), você deve acrescentar ao verbo as terminações **s** ou **es**.

Nas frases negativas no presente simples, usa-se **do not** ou a abreviação **don't**, que é mais usada na conversação. Para **he** (ele), **she** (ela) e **it** (ele ou ela), usa-se **does not** ou a forma abreviada **doesn't.**

- **I don't speak** > Eu não falo.
- **You don't speak** > Você não fala.
- **He doesn't speak** > Ele não fala.
- **She doesn't speak** > Ela não fala.
- **We don't speak** > Nós não falamos.
- **You don't speak** > Vocês não falam.
- **They don't speak** > Eles/Elas não falam.

Exemplos:

- **I don't speak English.** > Eu não falo inglês.
- **He doesn't speak Portuguese.** > Ele não fala português.

TIP TIME

Na forma negativa não se acrescenta o **s** ao verbo em nenhuma das pessoas.

Para formar frases negativas, você deve acrescentar a palavra **not** depois do verbo **to be**. Veja os modelos:

- **I am not working** > Eu não estou trabalhando.
- **You are not working** > Você não está trabalhando.
- **He/She is not working** > Ele/Ela não está trabalhando.
- **We are not working** > Nós não estamos trabalhando.
- **You are not working** > Vocês não estão trabalhando.
- **They are not working** > Eles/Elas não estão trabalhando.

Exemplos:

- **The art director is not working now.**
  > O diretor de arte não está trabalhando agora.
- **You are not working.** > Vocês não estão trabalhando.

As perguntas sobre algo que está acontecendo no momento em que se fala são feitas colocando-se o verbo **to be** no início da pergunta:

- **Am I working?** > Eu estou trabalhando?
- **Are you working?** > Você está trabalhando?
- **Is he/she working?** > Ele/Ela está trabalhando?
- **Are we working?** > Nós estamos trabalhando?
- **Are you working?** > Vocês estão trabalhando?
- **Are they working?** > Eles/Elas estão trabalhando?

Exemplos:

- **Are the market managers working at the moment?**
  > Os gerentes de marketing estão trabalhando no momento?
- **Is the hair stylist working now?**
  > O cabeleireiro está trabalhando agora?

F. ACTIONS IN THE FUTURE
AÇÕES NO FUTURO

Quando se deseja indicar uma ação que acontecerá no futuro, é importante conhecer as duas formas principais de expressar esse tempo verbal.

1. DECISIONS AND PROMISES
DECISÕES E PROMESSAS

Para indicar uma resolução tomada no momento em que se fala, ou uma promessa de fazer alguma coisa no futuro, a palavra **will** deverá ser usada antes do verbo principal. Veja a conjugação do verbo **to bring** (trazer) na forma afirmativa, na negativa e na interrogativa.

- **I will bring** > Eu trarei.
- **You will bring** > Você trará.
- **He/She will bring** > Ele/Ela trará.
- **We will bring** > Nós traremos.
- **You will bring** > Vocês trarão.
- **They will bring** > Eles/Elas trarão.

TIP TIME

- ✶ **I will > I'll**
- ✶ **You will > You'll**
- ✶ **He will > He'll**
- ✶ **She will > She'll**
- ✶ **We will > We'll**
- ✶ **You will > You'll**
- ✶ **They will > They'll**

Exemplos:

- ✶ **I will bring your air tickets immediately.**
  > Trarei suas passagens aéreas imediatamente.
- ✶ **She will bring the contract in a minute.**
  > Ela trará o contrato em um minuto.

Para negar alguma coisa no futuro, você poderá empregar **will not** (ou a forma abreviada **won't,** que é mais usada na conversação):

- **I won't bring** > Eu não trarei.
- **You won't bring** > Você não trará.
- **He/She won't bring** > Ele/Ela não trará.
- **We won't bring** > Nós não traremos.
- **You won't bring** > Vocês não trarão.
- **They won't bring** > Eles/Elas não trarão.

Exemplos:

- **The stylist won't bring the collection.**
  > O estilista não trará a coleção.
- **I won't bring my photos.** > Eu não trarei minhas fotos.

Nas perguntas, coloca-se **will** no início da oração:

- **Will I bring?** > Eu trarei?
- **Will you bring?** > Você trará?
- **Will he/she bring?** > Ele/Ela trará?
- **Will we bring?** > Nós traremos?
- **Will you bring?** > Vocês trarão?
- **Will they bring?** > Eles/Elas trarão?

Exemplos:

- **Will you bring the clothes?** > Você trará as roupas?
- **Will they bring the new faces models?**
  > Elas trarão as modelos *new faces*?

2. FUTURE PLANS
PLANOS FUTUROS

Existe outra maneira de indicar que uma ação acontecerá no futuro, especialmente quando tal ação for planejada anteriormente. Nesse caso, você deverá expressar o futuro da seguinte maneira:

verbo **to be** + **going to** + verbo principal

Veja alguns exemplos:

- **He is going to arrive tomorrow.** > Ele vai chegar amanhã.
- **They are going to the photoshooting tomorrow.**
  > Eles vão para a sessão de fotos amanhã.
- **We are going to stay in Milan for two weeks.**
  > Nós vamos ficar em Milão por duas semanas.
- **I am going to work tonight.** > Eu vou trabalhar hoje à noite.

Para entender melhor como usar esse tempo verbal, observe a conjugação do verbo **to leave** (partir) nas formas afirmativa, negativa e interrogativa:

- **I am going to leave** > Eu vou partir.
- **You are going to leave** > Você vai partir.
- **He/She is going to leave** > Ele/Ela vai partir.
- **We are going to leave** > Nós vamos partir.
- **You are going to leave** > Vocês vão partir.
- **They are going to leave** > Eles/Elas vão partir.

Exemplos:

- **The models are going to leave the day after tomorrow**.
  > Os modelos vão partir depois de amanhã.
- **I am going to leave at seven o'clock.** > Eu vou partir às sete horas.

Nas frases negativas, coloca-se **not** depois do verbo **to be.**

- **I am not going to leave** > Eu não vou partir.
- **You are not going to leave** > Você não vai partir.
- **He/She is not going to leave** > Ele/Ela não vai partir.
- **We are not going to leave** > Nós não vamos partir.
- **You are not going to leave** > Vocês não vão partir.
- **They are not going to leave** > Eles/Elas não vão partir.

Exemplos:

- **We are not going to leave for New York tomorrow night.**
  > Nós não vamos partir para Nova York amanhã à noite.
- **Mr. Korr is not going to leave tonight.**
  > O sr. Korr não vai partir hoje à noite.

Nas perguntas, o verbo **to be** é colocado no início da oração:

- **Am I going to leave?** > Eu vou partir?
- **Are you going to leave?** > Você vai partir?
- **Is he/she going to leave?** > Ele/Ela vai partir?
- **Are we going to leave?** > Nós vamos partir?

- **Are you going to leave?** > Vocês vão partir?
- **Are they going to leave?** > Eles/Elas vão partir?

Exemplos:

- **Is Mr. Sands going to leave next week?**
  > O sr. Sands vai partir na semana que vem?
- **Are you going to leave next Saturday?**
  > Você vai partir no sábado que vem?

G. ACTIONS IN THE PAST
AÇÕES NO PASSADO

1. THE SIMPLE PAST
O PASSADO SIMPLES

Há várias formas de indicar ações no passado. Veja primeiro como usar o passado simples.

Os verbos no passado podem ser regulares ou irregulares. Os verbos regulares são aqueles em que o passado é formado acrescentando-se um **ed** ou **d** ao fim do verbo.

Veja como ficam alguns verbos regulares no passado:

- **to answer** > responder > **answered**
- **to ask** > perguntar > **asked**
- **to call** > chamar/telefonar > **called**
- **to cancel** > cancelar > **cancelled**
- **to check** > verificar/revisar > **checked**
- **to introduce** > apresentar > **introduced**
- **to order** > ordenar/pedir > **ordered**
- **to stay** > permanecer/ficar > **stayed**

- **to wait** > esperar > **waited**
- **to talk** > falar/conversar > **talked**
- **to want** > querer > **wanted**
- **to work** > trabalhar > **worked**

TIP TIME

Aos verbos regulares que terminam em e, acrescenta-se apenas um **d**.

Exemplos:

- **to arrive** > chegar > **arrived**
- **to believe** > acreditar > **believed**
- **to like** > gostar > **liked**
- **to receive** > receber > **received**

Veja como elaborar frases afirmavas no passado, usando como exemplo o verbo **to arrive** (chegar) que também é um verbo regular.

- **I arrived** > Eu cheguei.
- **You arrived** > Você chegou.
- **He/She arrived** > Ele/Ela chegou.
- **We arrived** > Nós chegamos.
- **You arrived** > Vocês chegaram.
- **They arrived** > Eles/Elas chegaram.

Exemplos:

- **He arrived from Paris yesterday.** > Ele chegou de Paris ontem.
- **We arrived from Brazil last month.**
  > Nós chegamos do Brasil no mês passado.

Na formação de frases negativas no passado simples, usa-se **didn't** ou **did not**, e o verbo fica sem a terminação **ed** ou **d**.

- **I didn't arrive** > Eu não cheguei.
- **You didn't arrive** > Você não chegou.
- **He/She didn't arrive** > Ele/Ela não chegou.
- **We didn't arrive** > Nós não chegamos.
- **You didn't arrive** > Vocês não chegaram.
- **They didn't arrive** > Eles/Elas não chegaram.

Exemplos:

- **She didn't arrive yesterday.** > Ela não chegou ontem.
- **The passports didn't arrive last week.**
  > Os passaportes não chegaram na semana passada.

Nas perguntas sobre ações no passado, o **did** vai para o começo da frase, e novamente o verbo é usado sem a terminação **ed** ou **d**.

- **Did I arrive?** > Eu cheguei?
- **Did you arrive?** > Você chegou?
- **Did he/she arive?** > Ele/Ela chegou?
- **Did we arrive?** > Nós chegamos?
- **Did you arrive?** > Vocês chegaram?
- **Did they arrive?** > Eles/Elas chegaram?

Exemplos:

- **Did he arrive yesterday?** > Ele chegou ontem?
- **Did the models arrive last week?**
  > As modelos chegaram na semana passada?

TIP TIME

As principais palavras que indicam ações no passado são:

* **yesterday** > ontem
* **the day before yesterday** > anteontem
* **last week** > na semana passada
* **last month** > no mês passado
* **last year** > no ano passado
* **minutes ago** > minutos atrás
* **moments ago** > momentos atrás

Exemplos:

* **Mr. Hilton arrived last night.**
  > O sr. Hilton chegou ontem à noite.
* **I received this composite minutes ago.**
  > Recebi este *composite* minutos atrás.

Em inglês, há mais de 250 verbos irregulares, e eles geralmente se modificam no passado. Para poder usá-los com segurança, você precisará memorizá-los. Veja agora o tempo passado de alguns verbos irregulares.

- **to be** > ser/estar > **was/were**
- **to bring** > trazer > **brought**
- **to buy** > comprar > **bought**
- **to come** > vir > **came**
- **to drive** > guiar > **drove**
- **to give** > dar > **gave**
- **to go** > ir > **went**
- **to have** > ter > **had**
- **to meet** > encontrar > **met**

- **to take** > levar/pegar > **took**

Exemplos:

- **She took the book and the composite.**
  > Ela levou o *book* e o *composite*.
- **They came last night.** > Eles vieram na noite passada.

To go (ir) é um bom exemplo de verbo irregular que apresenta forma bem diferente no passado. Aqui, você verá como ele fica em frases afirmativas, negativas e interrogativas.

FORMA AFIRMATIVA:

- **I went** > Eu fui.
- **You went** > Você foi.
- **He/She went** > Ele/Ela foi.
- **We went** > Nós fomos.
- **You went** > Vocês foram.
- **They went** > Eles/Elas foram.

Exemplo:

- **I went to the agency yesterday morning.**
  > Eu fui à agência ontem de manhã.

FORMA NEGATIVA:

- **I didn't go** > Eu não fui.
- **You didn't go** > Você não foi.
- **He/She didn't go** > Ele/Ela não foi.
- **We didn't go** > Nós não fomos.
- **You did'nt** > Vocês não foram.
- **They didn't go** > Eles/Elas não foram.

Exemplo:

- **I didn't go to the agency yesterday morning.**
  > Eu não fui à agência ontem de manhã.

FORMA INTERROGATIVA:

- **Did I go?** > Eu fui?
- **Did you go?** > Você foi?
- **Did he/she go?** > Ele/Ela foi?
- **Did we go?** > Nós fomos?
- **Did you go?** > Vocês foram?
- **Did they go?** > Eles/Elas foram?

Exemplo:

- **Did you go to the agency yesterday morning?**
  > Você foi à agência ontem de manhã?

O verbo **to be** também tem forma bem diferente no passado simples, conforme você verá agora. Observe a forma afirmativa:

- **I was** > Eu era/estava/estive.
- **You were** > Você era/estava/esteve.
- **He/She/It was** > Ele/Ela era/estava/esteve.
- **We were** > Nós éramos/estávamos/estivemos.
- **You were** > Vocês eram /estavam/estiveram.
- **They were** > Eles/Elas eram/estavam/estiveram.

Exemplos:

- **The stylists were very busy last month.**
  > Os estilistas estavam/estiveram muito ocupados no mês passado.
- **The scouter was here five minutes ago.**
  > O *scouter* estava/esteve aqui há cinco minutos.

TIP TIME

Como se vê pelos exemplos, esse tempo verbal corresponde ao pretérito imperfeito e ao pretérito perfeito da língua portuguesa.

Exemplo:

* **He was here.** > Ele estava aqui./Ele esteve aqui.

Na forma negativa, apenas se acrescenta **not** depois de **was** ou **were**, nas formas abreviadas **wasn't** e **weren't**:

- **I wasn't** > Eu não era/estava/estive.
- **You weren't** > Você não era/estava/esteve.
- **He/She/It wasn't** > Ele/Ela não era/estava/esteve.
- **We weren't** > Nós não éramos/estávamos/estivemos.
- **You weren't** > Vocês não eram/estavam/estiveram.
- **They weren't** > Eles/Elas não eram/estavam/estiveram.

Exemplos:

- **He wasn't in New York last week.**
  > Ele não estava/esteve em New York na semana passada.
- **The photographers weren't in the studio yesterday.**
  > Os fotógrafos não estavam/estiveram no estúdio ontem.

Nas perguntas, coloca-se **was** ou **were** no início da sentença.

- **Was I?** > Eu era/estava/estive?
- **Were you?** > Você era/estava/esteve?
- **Was he/she/it?** > Ele/ela era/estava/esteve?
- **Were we?** > Nós éramos/estávamos/estivemos?
- **Were you?** > Vocês eram/estavam/estiveram?
- **Were they?** > Eles/Elas eram/estavam/estiveram?

Exemplos:

- **Were you at the party last week?**
  > Você estava/esteve na festa na semana passada?
- **Was the new model in Milan yesterday?**
  > A modelo nova estava/esteve em Milão ontem?

2. PRESENT PERFECT TENSE
PRESENTE PERFEITO

Outra forma de indicar uma ação relativa ao passado é o uso do **Present Perfect Tense**, que é usado num tempo indefinido no passado. Compare com o passado simples:

- **I have called the agency.** (= Present Perfect)
  > Eu liguei para a agência.
- **I called the agency yesterday.** (= Simple Past)
  > Eu liguei para a agência ontem.

O **Present Perfect Tense** (presente perfeito) pode também indicar ações que tiveram início no passado e vêm acontecendo até o presente:

- **I have been a model for three years.**
  > Eu tenho sido uma modelo por três anos.

FORMAÇÃO

Auxiliar **have** + verbo principal no particípio passado (3ª coluna dos tempos primitivos dos verbos).

Exemplo: verbo **to write** / **wrote** / **written**

- **I have written a CV** > Eu escrevi um CV

Para entender melhor como usar esse verbo, observe a conjugação do verbo **to write** nas formas afirmativa, negativa e interrogativa:

I have written	I have not written	Have I written?
You have written	You have not written	Have you written?
He/She has written	He/She has not written	Has he/she written?
We have written	We have not written	Have we written?
You have written	You have not written	Have you written?
They have written	They have not written	Have they written?

As contrações são: **I've, you've, he's, she's, it's, we've, they've**

TIP TIME

Usamos as seguintes palavras para confirmarmos ou negarmos que alguma coisa aconteceu em algum momento ou num determinado período de tempo em frases afirmativas, negativas e interrogativas:

- **already** > já
- **since** > desde
- **for** > por
- **ever** > sempre
- **never** > nunca
- **yet** > ainda

Exemplos:

- **They have already finished the shooting.**
  > Eles já terminaram a sessão.
- **She has been a top model since 2004.**
  > Ela tem sido uma *top model* desde 2004.
- **I haven't met the stylist yet.**
  > Não encontrei o estilista ainda.

3. THE PAST CONTINUOUS TENSE
PASSADO CONTÍNUO

Empregamos o Past Continuous tense (passado conínuo) para descrever ações que estavam acontecendo no passado quando foram interrompidas por uma outra ação.

FORMAÇÃO

verbo **to be** no passado, acrescentando-se **ing** ao verbo principal:

Exemplos de uso:

- **I was rehearsing yesterday.**
  > Eu estava/estive ensaiando ontem.
- **You were photo shooting last night.**
  > Você estava/estive fotografando na noite passada.
- **It was raining when she came.**
  > Estava chovendo quando ela chegou.
- **I was calling the studio when you arrived.**
  > Eu estava ligando para o estúdio quando você chegou.

TIP TIME

Usa-se **was** para **I**, **he**, **she** e **it**, e **were** para as demais pessoas.

A forma interrogativa e negativa é aquela correspondente ao verbo **to be**:

1. As formas negativas se formam com **wasn't** e **weren't**;
2. A forma interrogativa se forma com a anteposição de **was/were** ao sujeito, o que sempre acontece quando o verbo **to be** é o auxiliar.

Advérbios de tempo e expressões que normalmente acompanham o verbo **to be**:

- **yesterday** > ontem
- **last (night, week, year etc.)**
  > noite, semana, ano etc. passada/passado

Vejamos agora a conjugação com o verbo **to read** em suas várias formas:

AFFIRMATIVE FORM

- **I was reading** > eu estava lendo
- **You were reading** > você estava lendo
- **He was reading** > ele estava lendo
- **She was reading** > ela estava lendo
- **We were reading** > nós estávamos lendo
- **You were reading** > vocês estavam lendo
- **They were reading** > eles/elas estavam lendo

NEGATIVE FORM

- **I wasn't reading** > eu não estava lendo
- **You weren't reading** > Você não estava lendo
- **He wasn't reading** > Ele não estava lendo
- **She wasn't reading** > Ela não estava lendo
- **It wasn't reading** > Ele/Ela não estava lendo
- **We weren't reading** > Nós não estávamos lendo
- **You weren't reading** > Vocês não estavam lendo

INTERROGATIVE FORM

- **Was i running?** > Eu estava correndo?
- **Were you running?** > Você estava correndo?
- **Was he running?** > Ele estava correndo?
- **Was she running?** > Ela estava correndo?
- **Was it running?** > Ele/ela estava correndo?
- **Were we running?** > Nós estávamos correndo?
- **Were you running?** > Vocês estavam correndo?
- **Were they running?** > Eles/elas estavam correndo?

Exemplos:

- **I was rehearsing when she got to the runway venue.**
  > Eu estava ensaiando quando ela chegou ao lugar do desfile.
- **What were you doing when the guests arrived?**
  > O que você estava fazendo quando os convidados chegaram?
- **She was swimming while we were working out.**
  > Ela estava nadando enquanto nós estávamos fazendo ginástica.

CAPÍTULO 18

WORD BANK FOR MODELS
BANCO DE PALAVRAS PARA MODELOS

A. IMPORTANT VERBS
VERBOS IMPORTANTES

- **(to) accept** > aceitar
- **(to) ask** > perguntar/pedir
- **(to) bend** > dobrar-se
- **(to) bring** > trazer
- **(to) buy** > comprar
- **(to) call** > chamar
- **(to) carry** > carregar
- **(to) check** > verificar
- **(to) close** > fechar
- **(to) come (to)** > vir
- **(to) confirm** > confirm
- **(to) contact** > contatar
- **(to) cost** > custar
- **(to) do** > fazer
- **(to) drive** > dirigir
- **(to) find** > achar

- **(to) finish** > terminar
- **(to) get up** > levantar-se/da cama
- **(to) help** > ajudar
- **(to) give** > dar
- **(to) greet** > saudar
- **(to) hear** > ouvir
- **(to) help** > ajudar
- **(to) interact** > interagir
- **(to) listen to** > escutar
- **(to) look** > olhar
- **(to) lose** > perder
- **(to) leave** > partir/deixar
- **(to) make** > fazer
- **(to) meet** > encontrar
- **(to) open** > abrir
- **(to) order** > ordenar/pedir
- **(to) pay** > pagar
- **(to) pay attention** > prestar atenção
- **(to) phone** > telefonar
- **(to) practice** > praticar
- **(to) put** > por/colocar
- **(to) put on (clothes)** > vestir roupas
- **(to) read** > ler
- **(to) recommend** > recomendar
- **(to) reserve** > reservar
- **(to) say** > dizer
- **(to) send** > mandar/enviar
- **(to) sign** > assinar

- **(to) serve** > servir
- **(to) spend** > gastar/passar algum tempo em algum lugar
- **(to) shave** > barbear
- **(to) stand up** > ficar de pé/levantar-se
- **(to) stay** > permanecer
- **(to) sit down** > sentar-se
- **(to) take off** > tirar roupas/decolar avião
- **(to) tell** > contar alguma coisa/dinheiro
- **(to) transfer** > transferir
- **(to) think** > pensar
- **(to) try** > tentar
- **(to) wax** > depilar

B. POSTS IN A COMPANY
CARGOS NUMA EMPRESA

- **accounts manager** > gerente de contas
- **CEO – chief executive officer** > diretor-presidente
- **co-executive producer** > coprodutor executivo
- **executive director** > diretor executivo
- **executive producer** > produtor executivo
- **editor** > editor/editora
- **finance director** > diretor financeiro
- **general manager** > gerente geral
- **managing director** > diretor gerente
- **marketing manager** > gerente de marketing
- **PA (personal assistant)** > assistente pessoal
- **planning manager** > gerente de planejamento

- **PM (personnel director/manager)** > diretor/gerente de recursos humanos
- **PR (public relations)** > relações públicas
- **production assistant** > assistente de produção
- **supervisor** > supervisor

C. COUNTRIES AND NATIONALITIES
PAÍSES E NACIONALIDADES

Argentina	Argentina	**Argentinean**	argentino
Australia	Austrália	**Australian**	australiano
Bolivia	Bolívia	**Bolivian**	boliviano
Canada	Canadá	**Canadian**	canadense
Chile	Chile	**Chilean**	chileno
China	China	**Chinese**	chinês
Colombia	Colômbia	**Colombian**	colombiano
Denmark	Dinamarca	**Danish**	dinamarquês
England	Inglaterra	**English**	inglês
Equador	Equador	**Equatorian**	equatoriano
Egypt	Egito	**Egyptian**	egípcio
Greece	Grécia	**Greek**	grego
Holland	Holanda	**Dutch**	holandês
Hungary	Hungria	**Hungarian**	húngaro
Korea	Coreia	**Korean**	coreano
Mexico	México	**Mexican**	mexicano
New Zeland	NovaZelândia	**New Zelalndese**	neozelandês

Norway	Noruega	**Norwegian**	norueguês
Paraguay	Paraguai	**Paraguayan**	paraguaio
Peru	Peru	**Peruvian**	peruano
Philipines	Filipinas	**Philipine**	filipino
Russia	Rússia	**Russian**	russoa/a
Singapore	Cingapura/ Singapura	**Singaporean**	cingapurense/ cingapuriano
Sweden	Suécia	**Swedish**	sueco
Switzerland	Suíça	**Swiss**	suíço
Syria	Síria	**Syrian**	sírio
Tailand	Tailândia	**Tailandese**	tailandes
Taiwan	Taiwan	**Taiwanese**	taiwanês
Turkey	Turquia	**Turkish**	turco
Uruguay	Uruguai	**Uruguayan**	uruguaio
Venezuela	Venezuela	**Venezuelan**	venezuelano

D. PLACES AROUND TOWN
LUGARES NA CIDADE

- **audio and video shop** > loja de áudio e vídeo
- **diner**[AE] > lanchonete
- **clothes shop** > loja de roupas
- **church** > igreja
- **gift shop** > loja de presentes
- **jewelry store** > joalheria
- **library** > biblioteca

- **movie theater** > cinema
- **photo shop** > artigos de fotografia
- **souvenirs** > loja de *souvenirs* (lembrancinhas)
- **stationery shop** > papelaria
- **supermarket** > supermercado
- **theater** > teatro
- **video rental store** > locadora de vídeo
- **vision center** > ótica

E. MORE FOOD
MAIS COMIDA

1. BREAKFAST
CAFÉ DA MANHÃ

- **bacon** > bacon
- **cocoa** > chocolate em pó
- **condensed milk** > leite condensado
- **croissant** > croissant
- **decaffeinated coffee** > café decafeinado
- **jam** > geleia
- **marmalade** > geleia de laranja
- **pancakes** > panquecas
- **pastries** > pastelaria/massas
- **porridge** > mingau
- **sausage** > linguiça/salsicha
- **waffles** > *waffles*

a. KINDS OF BREAD
TIPOS DE PÃES

- **a slice of bread** > uma fatia de pão
- **bread rolls** > pãezinhos
- **bread loaf** > pão de forma
- **brown bread** > pão de centeio/pão integral
- **French bread** > pão francês
- **pita bread** > pão sírio
- **rye bread** > pão de centeio
- **toast** > torrada
- **white bread** > pão branco
- **whole grain** > pão integral

b. EGGS
OVOS

- **Boiled egg** > ovo cozido

  Que pode ser:

  - **soft** > mole
  - **hard** > duro
- **Fried egg** > ovo frito

  Que pode ser:

  - **sunny side up** > gema mole

  Ou

  - **turned over** > virado de cima para baixo/gema dura
  - **poached egg** > ovo pochê
  - **scrambled eggs** > ovos mexidos

- **bacon and eggs** > ovos com bacon
- **ham and eggs** > ovos com presunto

c. MORE FRUIT
MAIS FRUTAS

- **almond** > amêndoa
- **cashew** > caju
- **chestnut** > castanha
- **coconut** > coco
- **date** > tâmara
- **fig** > figo
- **guava** > goiaba
- **hazelnut** > avelã
- **lemon** > limão
- **mango** > manga
- **nut** > noz
- **papaya** > mamão
- **passion fruit** > maracujá
- **peanut** > amendoim
- **pear** > pera
- **prune** > ameixa preta
- **persimmon** > caquí
- **quince** > marmelo
- **raspberry** > framboesa
- **starfruit** > carambola
- **tangerine** > tangerina
- **walnut** > noz

2. TABLEWARE
UTENSÍLIOS DE MESA

- **bottle opener** > abridor de garrafa
- **butter dish** > manteigueira
- **can opener** > abridor de lata
- **cereal bowl** > tijela para cereais
- **coffee pot** > bule de café
- **corkscrew** > saca-rolhas
- **cutlery** > talheres
- **egg-cup** > porta-ovos quentes
- **ice bucket** > balde de gelo
- **jug** > jarra de água ou suco
- **milk jug** > leiteira
- **napkin** > guardanapo
- **salad plate** > prato de salada
- **serving cart** > carrinho de serviço
- **soupspoon/tablespoon** > colher de sopa
- **tablecloth** > toalha de mesa
- **teaspoon** > colher de chá
- **thongs** > pinça para pegar alimentos
- **tray** > bandeja
- **wine list** > lista/carta de vinho

F. FASHION
MODA

1. HAIR STYLES
ESTILOS DE CABELO

- **beattle haircut** > corte ao estilo dos Beatles
- **caesar cut** > cabelo curto, estilo César
- **corn rows** > rastafari
- **crew cut** > corte bem curto
- **French cut/plait/twist** > coque de trança
- **page boy** > pagem
- **perm** > permanente
- **pompadour** > onda grande na frente
- **shaved head** > cabeça raspada

2. LOOKS
LOOKS

- **androgynous look** > *look* andrógeno
- **aviator look** > *look* aviador
- **African tribal** > *look* tribal africano
- **beatnik look** > *look* beatnik
- **English lady look** > *look* de dama inglesa
- **fetiche look** > *look* fetiche
- **gipsy look** > *look* cigano
- **gaucho look** > *look* gaúcho
- **Indian look** > *look* indiano
- **mannish look** > *look* masculino

- **military** > *look* militar
- **minimal sculptural look** > *look* mínima escultural
- **napoleonic look** > *look* napoleônico
- **oriental look** > *look* oriental
- **regency look** > *look* regência
- **Russian look** > *look* russo
- **skinny look** > *look* magro/delgado
- **forties and fabulous look** > *look* dos anos 40
- **the new mod** > *look* dos anos 50/60
- **the eighties look** > *look* dos anos 80
- **tomboy look** > *look* com toque masculino
- **Victorian look** > *look* vitoriano
- **vintage look** > *look* vintage
- **volume/oversize look** > *look* volumoso/tamanho grande

3. COLORS AND COLOR SHADES
CORES E TONALIDADES DE CORES

- **apricot** > abricó
- **aubergine/egg plant** > berinjela
- **beige** > bege
- **blues** > azuis
- **aquamarine** > água-marinha
- **cerulean** > cor do céu/cerúleo
- **cobalt** > azul cobalto
- **índigo** > índigo
- **midnight blue** > azul noite
- **navy blue** > azul-marinho

- **peacock** > azul pavão
- **royal** > azul roial
- **bronze** > bronze
- **cherry** > cereja
- **champagne** > champanhe
- **chocolat** > chocolate
- **coffee** > café
- **coral** > coral
- **crimson** > carmim
- **gold** > ouro
- **greens** > verdes
- **dark sea green** > verde mar escuro
- **emerald green** > verde-esmeralda
- **forest green** > verde floresta
- **lemon green** > verde limão
- **mint green** > verde hortelã
- **olive green** > verde-oliva
- **parrot green** > verde papagaio
- **fuchsia** > fúcsia
- **hot pink** > rosa choque
- **ivory** > marfim
- **khaki** > cáqui
- **lavender** > lavanda
- **magenta** > rosa
- **maroon** > vermelho marrom
- **mustard** > mostarda
- **mushroom** > cogumelo
- **nude** > nu

- **ochre** > ocre
- **old gold** > ouro velho
- **old silver** > prata velha
- **orchid** > orquídea
- **peach** > pêssego
- **plum** > ameixa
- **salmon** > salmão
- **scarlet** > vermelho escarlate
- **sépia** > sépia
- **sienna** > siena
- **tan** > cor da pele
- **taupe** > castanho acinzentado da pele da toupeira

G. MORE CLOTHES
MAIS ROUPAS

- **babydoll top** > bata
- **bolero** > bolero
- **bra top** > sutiã tipo top
- **duster coat** > casaco leve
- **dressing gown***[BE]* > roupão
- **fuseau** > fusô
- **hot pants** > o short mais curto que existe
- **hooded west** > colete com capuz
- **poncho** > poncho
- **sheath** > vestido justo sem cinto
- **tankini** > calça de biquíni e top de regata

1. DRESSES
VESTIDOS

- **baby doll dress** > vestidos bata
- **dropped waist dress** > vestido de cintura baixa
- **draped gown** > vestido drapeado
- **shirtwaist** > vestido acinturado
- **shift** > vestido sem cintura marcada
- **shirtdress** > vestido chemisier/camisão
- **slip dress** > vestido sem mangas, tipo combinação
- **sundress** > vestido leve de verão/sem mangas
- **tent** > vestido trapézio
- **tube dress** > vestido tubinho
- **pencil dress** > vestido justo e reto
- **strapless dress** > vestido tomara que caia/sem alças
- **halter dress** > vestido frente única
- **wrap dress** > vestido transpassado e amarrado

2. SKIRTS
SAIAS

- **a-line** > saia trapézio
- **bubble skirt/puff ball skirt** > saia balão
- **folk skirt** > saia *folk*
- **circle skirt** > saia feita de três meio-círculos para dança do ventre
- **godet skirt** > saia godê
- **knee skirt** > saia na altura do joelho
- **miniskirt** > minissaia
- **panel skirt** > saia em panos/lenços

- **pleated skirt** > saia pregueada
- **ruffle skirt** > saia com babados
- **full/long skirt** > saia longa
- **volume skirt** > saia franzida
- **tiered skirt** > saia em camadas
- **tulip/onion skirt** > saia balonê
- **pencil slim skirt** > saia reta e justa
- **straight skirt** > saia reta

3. TROUSERS/PANTS
CALÇAS

- **drainpipe pants** > calça com pernas estreitas
- **capri pants** > calça capri
- **cargo** > geralmente com bolsos largos
- **cropped** > calças cropped – dando a impressão de cortadas
- **elasticated pants** > calças com elástico na cintura
- **pirate pants** > calças corsário
- **cigarette pants** > calças *cigarrette*
- **flared pants**[BE] > calça boca de sino
- **baggy pants** > calças baggy
- **bell bottom pants**[AE] > calça boca de sino
- **boot cut/boot leg** > calça para usar com botas
- **cuffed** > calça com barra dobra virada
- **pleated** > calça pregueada
- **low rise/low cut pants** > calça com cintura baixa
- **medium low rise waist** > calças com cintura baixa média
- **narrow pants** > calça estreita

- **high waisted pants** > calças de cintura alta
- **torero pants** > calças toureiro
- **wide-leg pants** > calça de pernas largas
- **skinny pants** > calça muito justa

4. PARTY/WEDDING AND EVENING WEAR
MODA PARA FESTA/CASAMENTO E NOITE

- **cocktail dress** > vestido de coquetel
- **cutaway coat** > fraque
- **diadem/crown** > diadema/coroa
- **dinner jacket**[BE]/ **tuxedo**[AE] > smoking
- **evening gown** > vestido de noite, geralmente longo
- **evening tail coat** > casaca
- **flower girl dress** > vestido da dama de honra
- **full-dress coat** > casaca
- **tiara** > grinalda
- **train** > cauda
- **veil** > véu
- **wedding/bridal gown/dress** > vestido de noiva
- **white bow-tie** > gravata borboleta branca
- **white waistcoat** > faixa de cintura branca

5. COVER UPS
SAÍDAS DE BANHO

- **cover up poncho** > canga poncho
- **halter** > frente única
- **pareo** > pareô

- **sarong** > *sarong*
- **stole** > canga
- **swim dress** > macaquinho
- **wrap skirts** > cangas-saiote

6. SHOE TYPES
TIPOS DE SAPATOS

- **athletic shoes** > sapatos esportivos
- **climbing shoes** > sapatos de escalada
- **clog** > tamanco
- **galosh/rain boots/wellies** > galochas, botas de borracha
- **plattfom shoes/sandals/** > sapatos/sandálias platafoma
- **riding boots** > botas de montaria
- **rubber boots** > botas de borracha
- **slip on sandals** > chinelo
- **trail/hike footwear** > calçado para trilha/caminhada
- **walking shoes** > sapatos para caminhadas
- **water/boat footwear** > calçado para água/barco
- **wedge heels shoes/sandals** > sapatos/sandálias anabela
- **wing-tip shoe** > sapato de bico fino, geralmente com enfeites

7. CLOTHES DETAILS
DETALHES DE ROUPAS

- **buttonhole** > casa de botão
- **collar** > colarinho, gola
- **cuff** > punho
- **fly** > braguilha

- **hemline** > bainha
- **hood** > capuz
- **lapel** > lapela
- **pocket** > bolso
- **neck** > decote
- **sleeve** > manga
- **waistband** > cós

a. KINDS OF COLLARS
TIPOS DE COLARINHOS

- **button-down collar** > colarinho com botões para prender as pontas
- **cape collar** > colarinho com capuz caído nas costas
- **convertible collar** > gola que pode ser usada aberta ou fechada
- **drop collar** > gola comprida que vai até o peito
- **gola Peter Pan** > decote redondo
- **mandarim collar** > gola chinesa/mandarim
- **point collar** > colarinho pontudo
- **round collar** > gola redonda
- **sailor's collar** > gola marinheiro
- **shawl collar** > gola chale
- **turtle neck collar** > gola rolê
- **U collar** > gola em formato de u
- **upturned collar** > gola virada para cima
- **wing collar** > colarinho com pontas formando asas

b. KINDS OF NECKLINES
TIPOS DE DECOTES

- **ballerina neckline** > decote baixo geralmente sem alças ou alças espaguete
- **bateau/boat/neckline** > decote canoa
- **crew neckline** > decote redondo
- **decotelé** > decote muito profundo
- **diamond neckline** > decote em forma de diamante
- **jewel neckline** > decote redondo na base do pescoço
- **keyhole neckline** > decote em forma de lágrima
- **split neckline** > decote em partido em forma de V
- **scoop round neckline** > decote profundo em forma de U
- **V neckline** > decote em V

c. KINDS OF SLEEVES
TIPOS DE MANGAS

- **dolman/batwing sleeve** > manga morcego
- **French sleeve** > manga francesa, com franzido no punho
- **long sleeve** > manga comprida
- **narrow sleeve** > manga estreita
- **puff sleeve** > manga bufante
- **raglan sleeve** > manga raglã
- **saddle sleeve** > raglã com efeito dolmã
- **shirt sleeve** > manga de camisa
- **short sleeve** > manga curta
- **tailor sleeve** > manga de duas folhas
- **wide sleeve** > manga larga

8. MORE ABOUT CLOTHES
MAIS SOBRE ROUPAS

a. CLOTHES LENGTH
COMPRIMENTO DAS ROUPAS

- **above knee** > acima do joelho
- **ankle long** > altura do tornozelo
- **below knee** > abaixo do joelho
- **below the calf** > abaixo da barriga da perna
- **calf** > barriga da perna
- **floor length** > altura do chão
- **mid calf** > metade da barriga da perna
- **micro** > micro
- **mid thigh** > metade da coxa
- **on the knee** > na altura do joelho
- **trained** > com cauda

b. TAKING CLOTHING MEASUREMENTS
TIRANDO MEDIDAS DE ROUPAS

- **armpit** > cava
- **back neck to waist** > costas do pescoço à cintura
- **back shoulder width** > largura das costas até o ombro
- **belly** > barriga
- **belly** > abdome
- **bust height** > altura do busto
- **crotch around** > entrepernas, cavalo
- **front neck to waist** > frente do pescoço à cintura

- **front shoulder to shoulder** > frente ombro a ombro
- **garment length** > cumprimento da roupa
- **hips** > quadris
- **neck line/collar** > linha do pescoço/decote
- **pants/skirt length** > cintura até o chão
- **pants inseam** > costura interna das pernas
- **shoulder width** > extensão do ombro
- **sleeve length** > cumprimento da manga
- **waist** > cintura

c. FABRICS
TECIDOS

- **albene** > albene
- **acetate** > acetato
- **alpaca** > alpaca
- **batiste** > cambraia de algodão
- **bird's eye** > olho de pássaro/padrão com pequenos diamantes
- **burn-out velvet** > veludo queimado
- **canvas** > lona
- **chenille** > chenilha
- **chintz** > chita
- **creoline** > criolina
- **cotton voile** > voal de algodão
- **denim** > denim
- **faille** > faile
- **flannel** > flanela
- **fleece** > capa de lã tirada de ovelha ou animal semelhante

- **fusible** > entretela fundível com o calor do ferro
- **gauze** > gaze
- **georgette** > georgete
- **merino wool** > lã merino
- **mohair** > mohair
- **panama** > panamá
- **peach skin** > pele de pêssego
- **piqué** > piqué
- **plush** > pelúcia
- **pin point Oxford** > tecido de algodão com pequenas nervuras / camisas
- **popeline** > popelina
- **sequined** > tecido com lantejoulas
- **serge** > sarja
- **shantung** > xantungue
- **solid texture** > chenille
- **stash** > coleção de tecidos
- **stones** > pedras
- **tencel** > nome fantasia da fibra liocel
- **terry cloth** > tecido de toalha/atoalhado
- **tricoline** > tricolina
- **tweed** > tecido escocês de lã
- **venice lace** > renda veneziana
- **velour** > veludo de lã
- **vet velvet** > veludo molhado
- **voile** > voal

H. COSMETICS
COSMÉTICOS

1. FACIAL CREAMS
CREMES PARA O ROSTO

- **anti-oxidant cream** > creme antioxidante
- **anti-wrinkle cream** > creme antirrugas
- **anti-age cream** > creme anti-idade
- **cleansing cream** > creme de limpeza
- **daily cream** > creme diurno
- **demaquilant** > demaquilante
- **dry skin cream** > creme para a pele seca
- **facial exfoliating/scrub cream** > creme esfoliante de rosto
- **firming cream** > creme firmador
- **make-up remover** > removedor de maquiagem
- **masque** > máscara
- **mosturizing cream** > creme umedecedor
- **night cream** > creme noturno
- **nutritient cream** > creme nutritivo
- **oily skin cream** > creme para a pele oleosa
- **toner/toning** > tônico

2. TOILETRIES
ARTIGOS DE TOALETE

- **body cream** > creme para o corpo
- **body lotion** > loção para o corpo
- **bubble bath** > banho de espuma

- **clothes brush** > escova de roupas
- **mouth wash** > adstringente bucal
- **sanitary pads** > absorventes higiênicos
- **shaving brush** > pincel para barbear
- **shaving cream** > creme de barbear
- **shaving soap** > sabão de barbear
- **soap** > sabão/sabonete
- **sponge** > esponja

3. PERFUMERY
PERFUMARIA

Os elementos básicos que entram na composição de um perfume são **water** (água), **ethilic alchool** (álcool etílico), ambos de uma pureza total ou **absolute essence** (essência absoluta), que é a concentração mais pura da matéria do perfume, podendo ser de essências naturais ou sintéticas e um fixador. A combinação de aromas é feita em **notes** (notas), que podem ser:

- **top notes** > notas superiores/de cabeça/de saída: constituem a primeira impressão que se tem de um perfume, tendo uma evaporação rápida.
- **middle notes** > notas do meio/coração/de corpo: são óleos que constituem o "corpo" das misturas da fragrância, cujos aromas emergem após o impacto das notas de saída, expandindo-se gradualmente.
- **base notes** > notas de base/de fundo: são as notas que demoram mais para evaporar, formando a base do perfume, dando-lhe o poder de permanência.

a. BASIC VOCABULARY
VOCABULÁRIO BÁSICO

- **absolute** > absoluto: é o produto aromático mais potente que existe.
- **accord** > acorde: mistura de perfumes, para produzir um terceiro.
- **animalic** > animais: notas animais
- **aromachology** > aromacologia: ciência que se dedica ao estudo do relacionamento entre a psicologia e o aroma.
- **aromatherapy** > aromaterapia: terapia com aromas.
- **balsam** > bálsamo: substâncias viscosas obtidas do corte das árvores ou arbustos.
- **balsamic** > balsâmico: perfume doce com notas associadas a bálsamos.
- **bouquet** > buquê: o buquê de um perfume é composto por uma variedade de notas florais.
- **carrier oil** > óleo de base vegetal
- **citrus notes** > notas cítricas, frescas e levemente ácidas tiradas das frutas cítricas
- **earthy notes** > notas terrosas
- **floral** > florais: agrupa perfumes cujo tema principal é a flor (notas florais)
- **fruity** > frutuosos: em perfumaria referem-se a odores comestíveis de frutas agridoces
- **full/bodied perfume** > perfume encorpado
- **green** > floral verde: florais com adição de notas verdes.
- **herbal** > ervas aromáticas: alecrim, menta, basilicão etc.
- **jasmin** > jasmim: existem dois tipos diferentes usados em perfumaria.
- **rose** > rosa: uma das principais flores usadas em perfumaria.

- **mossy** > musgoso: odor de líquens aromáticos e musgos das árvores.
- **oriental** > oriental
- **woody** > lenhoso: um odor ligado ao aroma de madeira recém cortada, como o sândalo e um tipo de cedro.

b. KINDS OF PERFUMES
TIPOS DE PERFUMES

- **perfume extrat**
  > perfume/extrato: É a forma mais concentrada do óleo aromático e também a mais cara por ser a mais duradoura. Seu efeito de duração na pele é de 12 a 20 horas.
- **cologne/Eau de Cologne**
  > colônia: deve seu nome à cidade alemã onde foi precursora dos modernos perfumes e consiste numa mistura de óleos cítricos, muito mais leve que os perfumes concentrados.
- **eau de Parfum**
  > solução de perfume alcoólico mais fraco, e seu efeito de fixação chega a 12 horas.
- **eau de Toilette**
  > ideal para climas tropicais, sua fixação não passa de oito horas.
- **mosturizing perfume mist**
  > perfume *spray* umedecedor : consiste num *spray* perfumado que contém óleo e deixa a pele menos ressecada.

TIP TIME

0fl oz: é a abreviação de **fluid ounce**, onça líquida, que é uma medida de volume. Por exemplo: Um perfume com 5 fl oz tem aproximadamente 150 ml.

- **1 onça líquida americana = 29.57 ml.**
- **1 onça inglesa = 28,41 ml.**

4. FOR NAILS
PARA AS UNHAS

- **acrylic nails** > unhas acrílico
- **airbrushed nails** > unhas decoradas
- **base coat** > base de esmalte
- **buffer** > polidor
- **cuticle oil** > óleo para cúticulas
- **cuticle softner** > amaciante de cutículas
- **French manicure** > manicure francesa
- **gel nails** > unhas de gel
- **nail file** > lixa de unhas
- **nail nourisher** > fortificante unhas
- **nail varnish/polish/enamel / nêil varnish** > esmalte para unhas
- **polish remover** > removedor de esmalte
- **top coat** > última camada de esmalte

I. MAKE UP & MANICURE TOOLS
UTENSÍLIOS DE MAQUIAGEM & MANICURE

- **blush contour** > delineador de blush
- **blusher brush** > pincel de blush
- **brow definer** > demarcador de sobrancelhas
- **compact puff for blending and finishing** > borla (pom-pom) para harmonização e acabamento
- **contour shader** > delineador de sombra
- **cosmetic brushes** > pinceis para maquiagem
- **cosmetic tweezer** > pinça cosmética
- **cosmetic wedges** > esponjas
- **cotton pads** > chumaços de algodão
- **cuticle scissors** > tesoura de cútícula
- **eye color applicators** > aplicadores de sombras
- **eye deal tips** > cotonetes
- **eyebrow brush** > pincel de sobrancelha
- **eyebrow comb** > pente de sobrancelha
- **facial blotting papers** > papéis para enxugar o rosto
- **foundation sponges** > esponjas para base
- **make-up kit** > *kit* de maquiagem
- **nail clipper** > cortador de unhas
- **pencil sharpener** > apontador de lápis
- **plier** > alicate
- **powder brush** > pincel para pó
- **powder puffs** > borlas (pom-pons) para pó de arroz
- **shadow brush** > pincel de sombra
- **tissue pads** > chumaços de papel de seda

J. BATH/ROOM FACILITIES
ARTIGOS DE QUARTO/BANHO

- **bath towels** > toalhas de banho
- **bath tub** > banheira
- **bath robe** > roupão de banho
- **blankets** > cobertores
- **bidet** > bidê
- **comforter** > edredom
- **faucets** > torneiras
- **hair dryer** > secador de cabelo
- **hand towels** > toalhas de mão
- **hot tub/whirlpool** > banheira de hidromassagem
- **rug** > tapete
- **shower** > chuveiro
- **tissue paper** > lenço de papel
- **toilet paper roll** > rolo de papel higiênico

K. PRECIOUS STONES
PEDRAS PRECIOSAS

- **abalone** > abalone
- **agate** > ágata
- **amber** > âmbar
- **amethist** > ametista
- **aquamarine** > água-marinha
- **azurite** > azurita
- **beryl** > berilo
- **coral** > coral

- **diamond** > diamante
- **ebony** > ébano
- **enamel** > esmalte
- **esmerald** > esmeralda
- **garnet** > granada
- **jade** > jade
- **lapis –lazuli** > lápis lázuli
- **malachite** > malaquita
- **moonstone** > pedra da lua
- **onix** > onix
- **opal** > opala
- **peridot** > peridot
- **quartz** > quartzo
- **rhinestone** > imitação de diamante
- **ruby** > rubi
- **sapphire** > safira
- **silver** > prata
- **strass** > estrass
- **sterling/silver** > prata esterlina
- **synthetic stone (laboratory)**
  > pedra sintética (feita em laboratório)
- **topaz** > topázio
- **tourmaline** > turmalina
- **turquoise** > turquesa

Este livro foi composto na fonte Humanist 521 BT e impresso em maio de 2010
pela Prol Editora Gráfica Ltda, sobre papel offset 90g/m².